La Cosecha

La Cosecha

Una Inmigrante en los Estados Unidos

Yolanda Vera Martínez

authorHOUSE®

AuthorHouse™ LLC
1663 Liberty Drive
Bloomington, IN 47403
www.authorhouse.com
Phone: 1-800-839-8640

Published by AuthorHouse 08/04/2014

ISBN: 978-1-4969-2575-6 (sc)
ISBN: 978-1-4969-2576-3 (e)

Dedicatoria

Para las Familias Vera y Martínez,

de México y

los Estados Unidos de Norteamérica.

Contenido

Agradecimientos

Agradezco a mis padres por haber sido los medios por los que yo viniera a este mundo y por el apoyo que siempre me han brindado.

Mi abuelita Aurora Espinosa y mi tío Cecilio Vera merecen mis más sinceras gracias por haberme cuidado en la niñez.

A mis hermanos y sus familias que siempre están dispuestos a escucharme y a darme la mano cuando los necesito.

Muchas gracias a mis parientes y amigos, muy numerosos para mencionar, pero los llevo en el corazón, y cada uno sabe la conexión que existe entre nosotros.

Mi esposo, Juan; hijas, Chela y Cheli; hijos, Juan y Rolando; nuera Sophia; nietos Mercedez, Alicia, Thomas y Matthew—son mi felicidad y mi apoyo constante.

Gracias especiales van a mi amigo Randy Nunes por haber sugerido que escribiera la historia de mi vida.

A Dios y a los Santos de mi devoción por cuidarme siempre y darme todo lo que necesito, doy gracias infinitas.

Introducción

Los manzanos en flor, en primavera, me recuerdan mi llegada a Sebastopol, California. Habíamos viajado mi hermana Hilda y yo todo el día. Primero nos fuimos del pueblo, Chicavasco, Hidalgo, a la Ciudad de México en autobús. Luego, viajamos por avión a San Francisco, California. Después, pasamos dos horas en la 1958 Station Wagon verde que mi papá conducía. Mamá iba en el asiento al lado de papá, y nosotras viajábamos en el asiento trasero, contándoles del viaje y de cómo se había quedado toda la familia.

Viniendo de un lugar árido, donde teníamos que acarrear agua en botes cargados en un burro, desde una distancia de más o menos dos kilómetros, lo que más me sorprendió al llegar a California fue la abundante vegetación. Mientras nos acercábamos más y más a nuestro destino final, por caminos serpentinos, veía con admiración los árboles floridos, entre color rosado y blanco, y me dije: "Esto es un paraíso". Más sorprendida quedé cuando mi papá se estacionó en frende de una casa, rodeada de esas bellezas de árboles, porque estaba a la entrada de un rancho de árboles frutales. ¿Qué había hecho yo para merecer tanta bendición?

¿Era en verdad una bendición mi llegada? En ese momento no pensaba yo más allá de la belleza de los árboles, no sabía qué me esperaba y no sabía que iba a quedarme en esta región para siempre. Cincuenta y dos años después, sigo en el mismo paraíso, pero sin olvidar mis raíces y de donde provengo.

Quise relatar esta obra para los familiares que se quedaron en nuestra tierra; ellos se han esforzado en obtener estudio y empleos allá. Por otro lado, pensé en las generaciones que ya nacieron aquí en Estados Unidos, siendo nosotros sus raíces, para que vean que la vida de inmigrantes ha sido difícil. Hemos pasado vergüenzas al no pronunciar las palabras en Inglés correctamente y decir cosas equivocadas. Hemos sufrido discriminacion por nuestra situación económica y el color de nuestra piel. Hemos tenido trabajos duros en extremas temperaturas, pasando hambre y sed. Posiblemente mis experiencias inspiren a las nuevas generaciones a aprovechar el tiempo en sus estudios y se pongan metas en la vida.

Yo me considero una mujer realizada. Logré, a base de mucho esfuerzo, una buena educación. También tuve la oportunidad de trabajar en el campo, en oficinas y en aulas de enseñanza. Otra gran bendición es mi familia maravillosa.

En México, aquí o en cualquier parte, uno sobrevive haciendo uso de los recursos que la vida ofrece. Aprende uno a perder, esperando ganar la próxima vez, se tropieza uno y el golpe es duro, pero esos golpes nos hacen más fuertes para levantarnos porque todavía queda mucho camino por recorrer.

Ahora, en mis años dorados, puedo ver hacia atrás el camino recorrido y escribir acerca de mis experiencias, algunas dolorosas y otras de gran alegría, pero estoy muy orgullosa de mis logros porque en cada etapa aprendí algo que en esta autobiografía quiero compartir.

Quise organizar este relato en capítulos por tema, pero la vida no es así de fácil. Por ejemplo, la educación se interrumpe por razones ajenas a la voluntad, otras cosas suceden y, luego, si hay verdadero interés, uno vuelve para continuar lo empezado. Por lo tanto, es mejor presentar los detalles de la vida en órden cronológico.

Si parece que me discriminaron algunas veces, por favor no lo tomen a pecho ni le tomen desprecio a las personas. Como acabo de escribir, de cada experiencia aprendí algo, y de cada tropiezo, recibí más fuerza para continuar hacia otras metas más altas. Como dice el dicho en Inglés, cada rechazo fue "una bendición en disfraz".

Queridos parientes y amigos, si ustedes recuerdan las cosas de otra manera, discúlpenme--así las recuerdo yo.

Lugar De Cuna

Mi mamá, Trini, le decía a su casita "el cuartillo" por su pequeñez. Era solamente un cuarto como de cuatro metros cuadrados, situado a orillas del camino principal en la entrada al pueblo de Chicavasco, en el Estado de Hidalgo, a unos 100 kilómetros al norte de la Ciudad de México. El cuartillo tenía una ventanita que daba hacia el camino, y era más para recibir luz que para ver hacia afuera; estaba muy alta. La puerta daba hacia atrás, hacia la nopalera, y al lado sur, tenía una chocita hecha de pencas (hojas del maguey, una planta de la familia del nopal) que era la cocina.

"Cuartillo" es una cajita de madera que usan los vendedores para medir semillas. La gente, por ejemplo, pide un cuartillo de maíz, lo equivalente a un kilo y medio del contenido.

En aquel "cuartillo" nací, y mis padres, Heriberto y Trinidad, me nombraron Yolanda. Mi papa dice que no recuerda por qué me pusieron ese nombre, pero no importa, es mi nombre y ya. El nombre significa "violeta" – una planta pequeña y frágil, con una florecita del color de su nombre. Yo creo que me parezco a la planta.

Al otro lado de la calle, estaba la casa de mis abuelitos paternos, Plácido y Aurora. Eran personas humildes, pero un poco más acomodadas que otras en el pueblo. Ellos ya tenían una casa hecha de piedra, en vez de chocita de penca como la mayoría, y su principal entrada de dinero para el sustento era la venta de artículos para el hogar, desde comestibles hasta petroleo para las lámparas.

Mi abuelita tuvo cinco hijos: Justo, Heriberto, Tomás, Nicomedes y Cecilio. La única niña que tuvo nació muerta. Entonces, en su afán de tener una nena que llenara aquel vacío, siendo yo la primera nieta, me mimaba y me consentía. Ella contaba que mis papas, él de 18 años y ella de 20, dormían tranquilamente, mientras que yo despertaba por la noche y lloraba y lloraba. Mis papás no me oían, pero ella sí, y se levantaba a "robarme". Siempre amanecía yo con ella.

Poco después, el abuelito se enfermó, y los hijos, excepto Cecilio, el menor de todos, tuvieron que irse a la Ciudad de México a trabajar para los gastos médicos. El esfuerzo fue en vano, y mi abuelito murió de un hipo constante.

Al irse mi papá, mi mamá se regresó a vivir con sus padres; no quería seguir viviendo en "el cuartillo" porque tenía miedo a las serpientes que con frecuencia encontraba alrededor de la casa y en la cocina. Yo, me quedé con mi abuelita Aurora para acompañarla.

Compartiendo las atenciones

Al casarse Justo, el mayor de los hermanos, llevó a su esposa Timotea (la tía Timo) a vivir a la casa de mi abuelita. La llegada de la tía Timo fue para mi una bendición. Mientras no tenía hijos, yo era su muñeca. Me peinaba, me arreglaba y me daba mucho cariño y atenciones. Luego nació su hijo Raciel y tuvimos que compartir las atenciones de su mamá.

Con el tiempo, los hermanos Justo y Heriberto rentaron una casa en la Ciudad de México y se llevaron a sus esposas y Raciel se quedó con la abuelita, con el tío Cecilio (Chilo) y conmigo.

La abuelita, al quedarse viuda, dedicó su vida a la tiendita, y Chilo era el pastor que llevaba las chivas y los burros a pastear después de volver de la escuela. La diversión era cuando Chilo volvía al atardecer porque, como la abuelita vendía pulque (líquido que sale de la planta del maguey) en la tienda, Raciel y yo lo acompañábamos a raspar los magueyes. Los magueyes estaban en una barranca, pero antes de descender, hacíamos ruido con el acocote (objeto para absorver el aguamiel) y recitábamos versos inventados al momento. Por ejemplo, mi tío Chilo inventó éste:

Luna, luna, dame una tuna.
La que me diste, se la comió el Tushushuna.

"Tushushuna" era el apodo que tío Chilo le había puesto a Raciel, y era una palabra que no significaba nada. A mi me había apodado Varsobia porque había tenido una perrita con ese nombre. Entre los tres hacíamos de la responsabilidad de ir a raspar una gran fiesta. "Todo era paz y harmonía" (1).

Al volver a casa, ya anocheciendo, era cuando más clientes tenía la abuelita en la tienda, y era otra diversión saludar a la gente y atenderla con sus compras del pan, maíz, sopas, pulque y petroleo para alumbrarse. Todavía no había luz eléctrica.

Entre una responsabilidad y otra, que volvíamos un juego, pasamos nuestra niñez y nuestra juventud muy alegres. Cuando visito a mi tío Chilo y a Raciel, la plática de nuestras historias es algo interminable.

Educación En Mexico

Primaria

Todavía me tocó vivir en México la etapa en la que, en los pueblos pequeños, no había educación pre-escolar ni kindergarten, así que empecé mi educación primaria a la edad de ocho años.

Cómo voy a olvidar mi primer día de clases si quizá por el miedo o por pereza, me metí en dificultades. Iba hacia la escuela, con mis trencitas bien hechas, mi vestido de tela a cuadros, color rosado, pero casi al llegar, se me ocurrió una idea: "¿Por qué no me regreso a la casa y le digo a la 'Cita' que no me recibieron?" Le decíamos "Cita" a la abuelita Aurora porque era nuestra mamacita. De inmediato puse en acción mi plan, caminando de regreso hacia la casa.

Al verme llegar, la Cita preguntó por qué había vuelto, y yo le contesté: "La maestra no me quiso recibir. Dijo que ya era tarde".

"¡Cómo que no te quiso recibir! Ahorita mismo vamos a ver que me dice a mi", exclamó la Cita y en seguida cerró la tienda y caminamos hacia la escuela. Al llegar, la Maestra Delia saludó a la Cita con amabilidad. Cuando la Cita preguntó por qué no me había recibido, la Maestra, frunciendo la frente y mirándome fijamente, contestó: "No ha venido aquí esta niña".

Al oir a la maestra decir que no me había reportado anteriormente, me eché a correr desesperadamente. Lo que recuerdo es que la Cita iba detrás de mi con una vara, y yo tomaba una vereda, luego otra, y otra, queriéndola perder, pero por fin me convencí de que yo llevaba la de perder y empecé a caminar hacia la escuela, donde la maestra me recibió con una sonrisa cariñosa y me asignó un asiento.

Siendo yo la más pequeña, siempre me tocaba sentarme en la banca de en frente, y me sentaba con mi tío Leoncio, quien era el más pequeño de los niños.

Como nos enseñaban a bordar en artes manuales, era yo muy traviesa con mi tío y, al coser, le ponía hilo muy largo a mi aguja para que estirara la mano lejos y lo espantara, haciéndole pensar que con la aguja le iba a picar.

En fin, en esa escuela vieja, de un sólo salón grande, dividido en dos partes, una para los grados primero al tercero y la otra para los estudiantes de cuarto a sexto años, cursé mi educación primaria. Después del primer día, me gustó asistir a clases, y me encantaba sentir entre mis manos aquellos libros de lectura, con olor a páginas nuevas, llenas de dibujos propios de nuestra edad, como ranas y libélulas.

Cuando pienso en aquellos tiempos, todavía me estremece imaginar las hojas de mi cuaderno--lisas, limpias y listas para recibir los rasgos de mi lápiz al deslizarse suavemente a lo largo de cada renglón.

La educación en Chicavasco parecía concentrarse en leer y escribir. No recuerdo que los maestros que me tocaron me hayan enseñado mucho de matemáticas o ciencia, pero es bueno recordar que empleaban a personas jóvenes de maestros, la mayoría de los cuales no tenían la adecuada preparación para enseñar, pero tenían verdaderos deseos de enseñarnos lo que sabían.

Además de leer, escribir y artes manuales, nos enseñaban canciones, bailes típicos y poemas que presentábamos en los festivales escolares como el Día de las madres, Día de la independencia y graduación, que ellos llamaban clausura. Como yo tenía la facilidad de aprender los poemas y sentía el ritmo de la música de los bailables, siempre participaba en todos los festivales. Mi Cita me animaba diciendo: "Ten, ponte mis aretes porque tienes que representar". Nunca decía qué o a quién tenía que representar, pero supuse que se trataba de representar a la familia Vera.

Cuando yo cursaba el sexto año, mi tío Chilo ya estaba en Pachuca, la capital del estado, estudiando. A Chilo le gustaba tocar guitarra y, al irse a Pachuca los domingos, la dejaba en la casa. Fue entonces cuando me llamó la atención aquel instrumento que mi tío dejaba con las cuerdas flojas para que no se hiciera pando. Algunas veces me puse a "afinar" la guitarra, pero las mismas veces también le rompí las cuerdas.

"¿Sabes qué?" Me dijo un día mi tío con un tonito de voz que sonaba a disgusto. "Te voy a enseñar unos tonos y te voy a dejar la guitarra afinada para que no arranques las cuerdas", me dijo. Ese mismo día, me enseñó el tono de Re, que para mis dedos pequeños era el más fácil.

Sabiendo el tono de Re, empecé a cantar y a acompañarme la "Bala perdida", canción que en esa época estaba de moda. En el siguiente festival de la escuela, me presenté con la guitarra, y los maestros me permitieron cantar. Desde entonces, cada que tenía la oportunidad cantaba y me acompañaba yo misma.

Graduación del sexto año

Al acercarse mi propia graduación de sexto año, escuché una conversación entre mi papá y mis tíos que estaban de visita: "¿Qué hacemos con ella ahora?" Alguien preguntó, y alguien más contestó: "Es mujer, se va a casar, pero mientras, puede estudiar para secretaria."

Por muchos años, sentí resentimiento de que nadie me preguntara qué quería yo hacer con mi vida, qué quería yo estudiar, en vez de que los hombres de la familia hicieran siempre las deciciones para las mujeres. Sin embargo, con el tiempo me conformé pensando que si me hubieran preguntado qué quería estudiar, no habría sabido que contestar de todos modos.

Mi mamá me había dicho un día que la visité en casa de sus papás: "Quiero que estudies para secretaria. He visto en los bancos a las secretarias, escribiendo en máquina, sin ver el teclado. Se presentan bien vestidas, están limpias, tienen las manos suaves y no están quemadas de sol porque están adentro del edificio. Así no tienes que hacer trabajo duro como yo que por muchos años he estado tejiendo talegas. Es muy pesado estar sentada en el suelo, afuera, pasando la trama entre los hilos de algodón todo el día. Mis manos se cansan. Mis pies se adormecen de no moverlos durante largas horas. Además, me pagan muy poco por cada bolsa que hago".

Yo, sentada allí a su lado, me limité a escuchar lo que mi mamá platicaba. Mientras la escuchaba, miraba como entrelazaba los hilos del telar, con el palito llamado trama, que llevaba otro hilo para formar diseños de flores y pajaritos en esas bolsas de algodón que llamaban talegas.

La Cita, por otro lado, siempre hablaba de haber sido maestra y de la satisfacción que sentía al recordar que, por sus esfuerzos, muchos jóvenes habían aprendido a leer y escribir. Eso fue obvio cuando, años después, en su funeral, un señor de edad madura se acercó al ataúd, y entre sollozos dijo: "Si…no…hubiera sido por…ella, no supiera…yo…leer…ni…escribir". Eso me conmovió a tal grado que pensé en la posibilidad de seguir sus pasos; quizá algún día.

Cuando me gradué del sexto año en la Escuela Primaria Ignacio Zaragoza, en Chicavasco, ambas profesiones me parecían interesantes.

Instituto Politécnico de Hidalgo

Al terminar mi preparación primaria, mi tío Cecilio, quien estudiaba en el Insituto Politécnico de Hidalgo, nos guió para que yo también solicitara admisión al mismo instituto, pero en el Departamento de Comercio.

En seguida tomé el examen de admisión y, francamente, me sorprendí de haberlo pasado y de que me aceptaran. Como mencioné ya, los números y yo no nos llevábamos muy bien.

Para entonces, dos de mis tíos, Tomás y Nicomedes, ya habían arreglado sus documentos para la residencia permanente en los Estados Unidos. En seguida invitaron a mi papá a arreglar también, y esa situación permitió que mi papá pudiera cubrir mis gastos de estudio en Pachuca. Allí, rentábamos un cuartito para mi tío Cecilio y para mi. Mi hermana Hilda se nos unió un año después. La señora Gabinita, mama de la tía Timo, nos hacía la comida que, claro, también teníamos que pagar, además de nuestros útiles escolares.

Pasé dos años en el Politécnico, estudiando la Carrera en Secretariado-Contaduría. Llevaba estas materias durante el año escolar, de febrero a noviembre: Español, inglés, taquigrafía, mecanografía, escritura muscular, matemáticas, contabilidad, historia, biología, educación física y civismo. Se me dificultaba entender muchas cosas, pero hacía lo mejor que podía. Mi tío Cecilio estudiaba ingeniería, tenía facilidad con las matemáticas y la ciencia, así que me ayudaba con mis tareas cuando me atoraba. En mis clases de matemáticas y contabilidad, muchas veces me pasaba el tiempo rezando para que no me hicieran preguntas los maestros.

Nuestro horario de clases todos los días era de 8:00-12:00 a.m., luego de 4:00–8:00 p.m. Los sábados teníamos educación física y una clase de inglés. Al terminar nuestras clases, nos íbamos al pueblo a visitar a la Cita.

En Pachuca, había hecho amistad con compañeras como Susana, que vivía por mi rumbo, y pasaba por mi para que camináramos juntas a la escuela y de regreso, especialmente porque en algunas estaciones del año, cuando salíamos de la escuela ya estaba obscuro. En la ciudad hay luces, pero hay calles solitarias y no faltan los traviesos. Así que nos protegíamos unas a otras, mientras charlábamos al caminar.

Otra amiga especial era Raquel, una joven risueña, amable y dedicada al estudio, tan dedicada que al graduarse, allí se quedó a enseñar. Yo, no terminé la carrera en Pachuca porque mis padres me trajeron a los Estados Unidos. Sin embargo, me he seguido comunicando con Raquel, y cuando visito México, la visito en Pachuca.

Los mayores van abriendo el camino
para las nuevas generaciones.

Llegada A Los Estados Unidos

Con los adelantos en la transportación, un día estamos en un país y al siguiente en otro. Algunas veces cambiamos nuestra localidad por gusto, otras por necesidad y otras porque simplemente la vida así lo requiere.

Sebastopol, California

Llegué a Sebastopol, California, un Domingo de Pascua, al cual siguió una semana de vacaciones, de mis hermanos, de la escuela. Esa semana me sirvió para conocerlos un poco, porque aunque sabíamos que éramos hermanos, no habíamos convivido lo suficiente para conocernos. De pronto, quise volverme niña y jugar con ellos, con sus juguetes y montar sus bicicletas. Toda la semana fue de placer y alegría que vino a interrumpir la petición que hizo mi papá el siguiente domingo por la noche.

-"Se preparan mañana temprano", nos dijo mi papá a mi hermana Hilda y a mi, las recién llegadas. "A las ocho vengo por ustedes para llevarlas a la escuela a inscribir".

Un trozo de hielo sobre mi espalda me habría causado menos estremecimiento que escuchar la intención de mi papá--quería mandarme a la escuela. Quise defenderme con todo lo que pude porque, quizá en el subconsiente, había creído que venía a los Estados Unidos por unos días solamente y que pronto me volvería a México.

-"¿Por qué no me regreso a México a terminar mi carrera? Allá me faltan dos años y puedo terminar más pronto?" Sugerí a mi papá. Mi Hermana, más obediente, no dijo nada.

-"No, mañana vengo por ustedes", insistió papá. El entraba a trabajar en aquel rancho de manzanos a las siete de la mañana, por eso dijo que volvería por nosotras a las ocho. Era el supervisor de los trabajadores y debía ir temprano a darles instrucciones.

-"Pero, no entiendo nada de Inglés", alegué.

-"Por eso vas a ir a la escuela, para que aprendas Inglés", prosiguió calmadamente mi papá.

Alegué, propuse, dije, lloré, me defendí, y al final me di cuenta que no había tal cosa como defensa. Mi futuro estaba decidido--otra vez.

¿Por qué me trajeron?

Debo confesar que la razón principal por quererme regresar a México era que había dejado a mi novio. Me había enamorado de Juan, un joven delgado, alto, simpático y el director de la Orquesta Disco de Oro del pueblo. Lo quería yo mucho, y quería regresarme pronto para estar cerca de él y poder verlo con frecuencia.

Usé un último recurso para pedir que me dejaran regresar a México: "Mi Cita siempre ha querido que esté con ella. Seguramente me extraña, aunque solamente la vea los fines de semana si sigo estudiando en Pachuca", dije entre sollozos.

Luego, si la primera noticia que escuché de mi papá me estremeció, la segunda me causó una herida profunda en el corazón. Todavía me duele y me hace llorar cuando la recuerdo. Mi mamá, respirando profundamente, se dio valor y contestó a mi petición de volver con la Cita: "Ella fue la que nos escribió pidiendo que te trajéramos. Se dio cuenta de que tienes novio y dijo que no quiere la responsabilidad de tener con ella a una jovencita enamorada".

¡Cómo! ¡No podia ser! Mi Cita me quería, me había "robado" de mis padres, me había detenido con ella esos quince años. Me había hecho creer que era yo especial para ella.

Ahora me encontraba yo entre gente casi desconocida, y la persona a quien había visto como madre me negaba. Me trataban bien mis padres y mis hermanos, pero no sentía yo confianza ni aquellos lazos estrechos que existen entre los miembros de una familia.

Sentí soledad, tristeza y un vacío en el alma. Me acosté en la cama que compartía con mis hermanas, la menor llamada Nati. Lloré hasta empapar mi almohada y por fin me quedé dormida después de tomar una decision: "Voy a ir a la escuela, pero no voy a aprender nada. Les voy a enseñar una lección a todos," me dije y, luego, como los bebés, después de llorar tanto, me quedé dormida.

Las personas mayores saben más que la juventud,
simplemente
porque han vivido más experiencias.

Educación En Los Estados Unidos Y Primer Empleo

La siguiente mañana, papá llegó con un señor alto, güero, de ojos azules, vestido en ropa de trabajo color crema y una gorra del mismo color. Seguramente mi papá nos presentó, porque el señor dijo algo en Inglés a mi hermana y a mi. Papá nos dijo en español que quien lo acompañaba era el Sr. Haven Best, el patrón y dueño del rancho.

Papá y el patrón caminaban adelante y mi hermana y yo detrás de ellos. Ibamos camino a la Escuela Primaria Oak Grove, localizada al otro lado de la calle. Y nos inscribieron.

Primaria

Cuando llegué a Sebastopol, California, la educación primaria era de ocho años, luego pasaba uno a la escuela preparatoria que consistía de cuatro años. Debido a mi edad, me pusieron en el grado octavo para cursar los dos meses que restaban del año escolar.

La Maestra Bamford en Oak Grove era alta, delgadita, con risos dorados y una sonrisa amable. Para principiar, me dio un libro de dibujitos como para niños del Kinder. En cada página había un dibujo, y debajo del dibujo, estaba el nombre del animalito o cosa en letras grandes. Me sentí humillada, pero la maestra no sabía mi nivel de educación, y en esos días no había exámenes para determinar en que nivel debía ponerse a cada alumno extranjero. No había clases de Inglés Como Segunda Lengua tampoco.

Cuando la Maestra Bamford quería darme alguna explicación, le pedía a una alumna que tradujera. María Eugenia parecía avergonzarse de saber hablar Español, quizá le avergonzaba hablar un español mocho, o quizá se avergonzaba de mi por ser una Mexicana recien llegada y traducía de mala gana. La maestra debió haber notado la actitud de María Eugenia porque empezó a pedir que llamaran a una niña de unos 10 años. Angelita tenía el pelo rubio y era blanca, pero de padres mexicanos y hablaba mejor el Español. Era simpática, muy servicial y me ayudaba con mucha paciencia.

Aunque había yo estudiado Inglés en México, ahora que lo escuchaba hablar rápidamente, no podía distinguir donde terminaba una palabra y principiaba otra. No solamente eso, sino que seguía con la tristeza de no poderme regresar a México. Seguía, por lo tanto, con mi terquedad de no hacer un esfuerzo de aprender, aunque sí era yo respetuosa con Angelita y con la maestra.

Durante el recreo y en la clase de educación física, veía a las muchachas correr y jugar al béisbol, sonriendo y gritando. En cambio, yo no me sentía con la alegría de disfrutar de la juventud como ellas lo hacían. Participaba solamente si la maestra me lo pedía.

Aún con mi actitud negativa y mis problemas de moral, me gradué del octavo grado con aquel grupo. Tenía razón uno de mis tíos al comentar: "Va llegando, ¿de qué se va a graduar?" Sin embargo, la tía Beni, tenía más fe en mi y me hizo un vestido color rosado, de una tela algo fina, para la graduación. Dios la tenga en la gloria.

Volviendo a recordar a Angelita, apenas hace como tres años que me encontré con ella en la tienda de telas. Nos reconocimos y yo me presenté de todos modos, por si acaso no recordaba mi nombre. Aproveché la ocasión para agradecerle por su ayuda cuando llegué de México. "Me volví una maestra", le dije, como queriendo hacerle sentir que sus esfuerzos no habían sido en vano. Ella me felicitó y me dio un abrazo.

Clase de Verano en la Escuela Preparatoria Analy

No recuerdo los detalles de cómo y cuándo me inscribieron en las clases de verano, pero mi papá me llevaba todos los días a Analy High School, situada en el centro de Sebastopol. Luego, el profesor de Inglés se dio cuenta de que él vivía por nuestro rumbo y ofreció llevarme las tres millas de camino más o menos, para que mi papá no perdiera tiempo del trabajo. Yo trataba de hacerle conversación y le contaba de mi educación en México. Así pasé la primera parte de mi primer verano en Sebastopol, California.

Mi primer empleo--Limpiando casas

Apenas iba terminando mi clase de verano cuando Crucita, la cuñada de mi tío Nico, me preguntó si me interesaba quedarme con su trabajo porque ella se iba a México por un tiempo.

Yo no tenía idea en que me estaba metiendo pero le dije que sí. Al aceptar, Crucita me dio los detalles de los días de trabajo y a qué hora debía tomar el autobus en Graton para llegar a Santa Rosa, donde me recogerían las patronas. Graton era una pueblito pequeño, de una calle principal, donde se encontraban una enlatadora de manzana, el correo y una tienda pequeña de abarrotes. El autobús Greyhound pasaba a recoger el pasaje allí. La primera patrona me recogió en un automóvil color rosado. Me llevó a su casa, me enseñó donde guardaba la aspiradora y luego medio le entendí que me dijo: "Aspira como le haces en tu casa".

Yo sonreí porque no teníamos alfombra en la casa donde vivíamos en Sebastopol; tenía linóleo. En México, nuestros pisos eran de empedrado o de cemento, y todo lo que veía en las casas elegantes aquí, era nuevo para mi. Al terminar mis cuatro horas de trabajo, la patrona me llevó a la estación de autobuses, donde pagué 65 centavos por el boleto para regresar a Graton. De allí, caminé por la subida, como en curva larga, hacia la casa.

La siguiente patrona me puso a limpiar unas figuritas de vidrio que tenía en su sala. Eran tan pequeñas y delicadas que tenía yo miedo de romperlas, y allí me pasé un buen rato. Lo triste fue que la siguiente semana, esa señora me preguntó si había yo visto una pulsera porque no la encontraba. ¿Qué me quiso decir con éso? Qué bueno que más tarde me dijo que la había encontrado.

Otra señora no me dejó entrar por la puerta de en frente. Dijo que la servidumbre entraba por la puerta de atrás. Eso tampoco me gustó porque yo soy persona que entra por la puerta principal.

Por suerte el trabajo de limpiar casas fue solamente unos días, mientras empezaban las clases, porque no era algo muy agradable. Esa clase de trabajo, aunque era honorable, no era el que quería yo hacer el resto de mi vida.

Noveno grado escolar en Analy

Al inscribirme para el siguiente ciclo escolar, sí me preguntaron que clases quería tomar, pero esta vez yo no quise opinar porque, según yo, estaba castigando a mi familia, y mi papá sugirió que estudiara corte y cocina, además de las materias requeridas en ése nivel.

Aunque según yo no quería estudiar aquí en California, sí me gustaba mucho la clase de Inglés con la Maestra Thompson. Ella pronunciaba las palabras lentamente, y yo, obserbando sus labios, las repetía en silencio. Luego, me las aprendía pronunciando todas las letras como si hubieran estado escritas en español. Entonces, cuando teníamos examen de deletreo—spelling—le cuidaba los labios, recordaba como estaban escritas y así las escribía. Muchas veces yo sacaba mejor puntuación que algunos jóvenes de habla inglesa.

En la clase de cocina no entendía muy bien algunos términos como "to pour" (vaciar), "to thaw" (deshielar), "to drain" (drenar, quitar el agua) y "to simmer" (hervir a fuego lento) y a veces no podia presentar los trabajos que nos pedían. Por ejemplo: Teníamos que planear las comidas de todo un día, recordando que debíamos incluir las diferentes clases de alimentos, entre ellos: frutas, semillas, carne y leche o sus derivados.

La ventaja en esa clase era que trabajábamos en grupos y todos los miembros recibían la misma calificación. Algunos hacían las cosas más complicadas, otros lo menos pesado, algunos hacían lo mínimo, pero todos recibían la misma calificación. Eso me valía de mucho, aunque trataba de ser servicial en todo lo que podía. Todavía conservo mi carpeta vieja con las recetas de hornear pan, que se han vuelto amarillas por el uso y por el tiempo.

En la clase de corte me iba mejor, aunque allí lo que valía era el trabajo individual. Me valió mucho haber tomado una clase que ofrecían una profesora y su asistente allá en mi pueblo. Eran personas pagadas por el gobierno, en un programa de Servicio Social de la Liga de Comunidades Agrarias y Sindicatos Campesinos del Estado de Hidalgo. Todavía guardo mi "Certificado de Terminación de Estudios de la Primera Enseñanza de Corte y Confección" (Vaya títulos larguitos).

En Chicavasco, aunque el gobierno pagaba a las profesoras por enseñarnos, nosotras teníamos que comprar la tela para los proyectos, así que aprendíamos a cortar y a hacer ropa en miniatura con cualquier retazo que encontrábamos. Estando en California era distinto. Teníamos más oportunidades de comprar tela, aunque fuera sencilla, y mis padres siempre estaban dispuestos a conseguir los materiales que necesitába yo. Aprendí a hacer mejor acabado en mis proyectos.

Desde mi niñez, coser a máquina fue uno de mis pasatiempos favoritos. Nunca he vivido sin máquina de coser. Primero con mi abuelita, luego con mi mamá. Ambas cosían su ropa. Naturalmente, les llevaba yo ventaja a las otras chicas en Analy y, de paso, la maestra ponía mis proyectos terminados como ejemplo de como deberían verse las prendas.

Mis calificaciones, que habían sido Ss (de Satisfactorio) hasta entonces, empezaron a volverse Cs y luego Bs, equivalentes a 7 y 8 en México.

Nueva compañera, nueva alegría

Un día, mi semblante cambió totalmente con la llegada de Rosalinda. Era de Tijuana, México, y la pusieron conmigo en todas mis clases para que nos acompañáramos y nos ayudáramos una a la otra. Ya tenía yo alguien con quien andar de una clase a otra, con quien platicar y a quien ayudar con lo poco que yo sabía. Pasábamos un tiempo maravilloso porque ella tenía un sentido del humor magnífico. Aunque a ella no parecía gustarle mucho la escuela—o sería que estaba enojada con sus papás también—trataba de hacer buen trabajo.

Yo, había tenido la fortuna de tener la primaria, en México, al Profesor Gumaro, quien sabía mucho de gramática, y ahora me servía mucho saber en Español que eran un adverbio y una conjunción, y pasaba ese conocimiento al Inglés. Por lo tanto, yo sentía mucha alegría al poder explicar a Rosalinda las partes de la gramática.

De pronto, mi soledad regresó cuando un lunes, Rosalinda no llegó a clases. Pensé que quizá estaba enferma. Cada mañana de esa semana, la esperaba en la entrada principal con la ansiedad de verla, pero no llegó. Días después, alguien me contó que Rosalinda se había regresado a Tijuana. A ella sí le concedieron su deseo. Ese día inventé tener un catarro pesado, y así pude llorar todo el día en la escuela. Había vuelto mi tristeza.

Fui conociendo poco a poco a otras estudiantes. Empecé a andar con Matilda, por ejemplo, y ella me invitaba a caminar hacia el centro de Sebastopol después de clases y entrar a las tiendas. Había una tienda de chucherías baratas, y me encantaba ir allí, hasta que un día vi como Matilda se echaba al bolso una flor artificial. Cuando se dio cuenta de que la había visto, me dijo: "No cuesta mucho". Yo no supe que decir, pero desde aquel día, inventé excusas para no ir más con ella. Yo no quería ser su cómplice si le caían robando. Mejor me iba a casa en el autobús, inmediatamente después de salir de clases. De esa forma, me evitaba problemas con las amistades y no le causaba a mi papá el trabajo extra de irme a recoger.

Así pasé dos años en Analy High School.

"¿Eres para tu amigo aire puro…pan y medicina?" (2)

Empleos En Los Veranos Subsiguientes

Como todos los inmigrantes, yo también tuve la oportunidad de experimentar varios trabajos al llegar a los Estados Unidos. Ya relaté que limpié casas en el primer verano después de mi llegada de México, cuando tenía quince años. Ahora sigue un recuento de lo que hice durante los siguientes veranos:

Piscar frutas

La fruta que más pisqué fue la manzana porque, claro, vivíamos en el rancho y a trabajar allí habíamos venido. Los trabajadores cortaban las manzanas del árbol, las ponían en sus bolsas de lona, y luego las vaciaban en las cajas. Esas manzanas lujosas se vendían en los mercados, y la gente las compraba para sus fruteros. Nosotros levantábamos las manzanas que se les caían a los trabajadores, y ésas iban a la embotelladora, donde preparaban la salsa y comida para bebés.

Durante los meses de julio y agosto de 1963, era un martirio agacharse y levantarse cuando recogíamos las manzanas del suelo. Al llenar nuestras cubetas, las vaciábamos a las cajas grandes que llevaba un tractor.

Lo que me gustó de ese trabajo fue que algunas veces manejaba el tractor. Era un tractor algo viejo, con remolque, donde ponían tres cajas enormes, y yo tan pequeñita ponía todo mi peso en los frenos para pararlo porque andábamos en las lomas.

Otra fruta que pizcamos como familia eran las moras. Allí en frente de la escuela Oak Grove estaba la huerta de moras. Como las cultivaban, estaban grandes, casi negras de lo cocidas, muy jugozas y muy sabrosas, pero las ramas tenían espinas, y salíamos con las manos rasguñadas y pintadas con la fruta.

La uva fue mi fruta favorita para pizcar. Los racimos por lo regular eran grandes, lo que ayudaba a que se llenaran las cubetas pronto, y nos pagaban por cubeta. Con la mano izquierda tomábamos el racimo y con la derecha cortábamos la patita con un cuchillo de forma semi-circular. Allí nos divirtíamos porque mis hermanos siempre han tenido un buen sentido del humor. Por ejemplo, un día le dije a mi hermano: "Placi, ayúdame a cortar este racimo que no alcanzo". El me contestó: "No puedo creerlo. A las fiestas te llevas zapatos de tacón alto, y aquí donde los necesitas traes suela baja. ¿Quién te entiende?" ¡Qué risa!

Otra fruta que me gustó pizcar fue la cereza. Los cerezos eran árboles enormes, con ramas tan flexibles que parecían quebrarse. Los cerezos también estaban en lomitas y pizcábamos trepados en escaleras. Al estirarnos para agarrar los racimitos, las escaleras se movían y era cuando nos agarrábamos de las ramas que se doblaban. ¡Vaya sustos que nos llevábamos!

Recoger la ciruela fue el trabajo más pesado que nos tocó hacer en el campo. Creo que todavía me duelen las rodillas cuando recuerdo que teníamos que hincarnos en la tierra dura para recoger la fruta que los señores sacudían de los árboles, pues en esos tiempos todavía no tenían maquinaria. Cuando nos cansábamos de andar hincados, nos sentábamos y nos arrastrábamos para recoger las frutas moradas, ovaladas. Aún más difícil era cuando algunos rancheros dejaban la fruta secarse en el suelo y, para cuando nos ponían a juntarla, no rendía el trabajo. Entre mamá y seis hijos, pues el chiquito todavía no podía ayudar, apenas si llenábamos cuatro cajas como de una yarda cúbica.

No sé si en esos tiempos ya había termos, pero recuerdo que llevábamos nuestra agua en botellas de plástico, en los que venía la leche. Los días estaban calientísimos, y el agua se sentía como babosa por la calor y no satisfacía la sed.

Llegábamos a la casa por la tarde molidos de cansancio, la ropa llena de tierra, el cuerpo todo sudado, y todavía teníamos que preparar nuestra cena y nuestros sandwiches para llevarnos al día siguiente. No que los sandwiches calientes apetecieran, pero con el hambre estaban deliciosos.

Así pasé mi segundo verano en California, trabajando toda la semana, incluyendo sábados y domingos, hasta el domingo antes de entrar a la escuela. Al principiar el ciclo escolar, otros jóvenes iban vestidos muy a la moda, con su ropa nueva. Nosotros, apenas si habíamos tenido tiempo de lavar nuestra ropita vieja para presentarnos a la escuela, hasta que papá tenía tiempo de llevarnos a comprar ropa.

No importa lo difícil que haya sido el trabajo del campo. Fue una experiencia que me hizo valorar el estudio después.

Enlatadora de manzanas

Recuerdo que le dije a mamá Trini: "Yo ya no quiero pizcar fruta en el campo. Voy a pedir trabajo en la enlatadora de manzanas en Graton". "Ay, hija," me dijo, "eres muy lenta y tan floja. ¿Quién te va a dar trabajo allí?"

Ese comentario me hirió, pero al mismo tiempo me dio valor, más fuerza y determinación, y me decidí a comprobar que yo era rápida. Así que solicité el trabajo y fui al examen de destreza con las manos. El examen se trataba de cambiar una especie de pequeños lápices, de unos agujeros a otros en una tabla. Parecía un juego que disfruté haciendo lo más rápido que pude, para comprobarle a mi mamá que estaba equivocada. Al siguiente día, me llamaron a trabajar, y me limité a decirle a mamá: "Voy a trabajar en la embotelladora de manzanas".

En la enlatadora, cuando llegaba mucha manzana, no ponían mucho cuidado en preparar la fruta, pues no se miraba a través de la lata. En cambio, cuando embotellaban, especialmente la comida de bebé, el proceso iba más lento, y ponían a más trabajadoras a remover las partes maltratadas y negras que se podían ver a través de la botella. La misma planta enlataba y embotellaba.

En la enlatadora, me pusieron a trabajar en una de las máquinas muy únicas. De un fierro vertical a unos dos pies arriba de nuestras cabezas, bajaban tres platitos del tamaño de las manzanas, uno por uno, de izquierda a derecha. Debajo de tal maquinaria, había un canalito de agua por donde llegaban las manzanas. Con la mano izquierda, tomábamos una manzana y la acomodábamos en el primer platito, con la patita hacia arriba. Con la mano derecha, teníamos que tomar las manzanas más rápido para llenar los otros dos platitos. Al acomodar cada manzana, bajaban dos cuchillos, uno que atravesaba el corazón y lo removía, y el otro, circulaba la manzana, pelándola. Al terminar de pelarla, la máquina aventaba la manzana a una banda. En ambos lados de la banda había mujeres que trabajaban rápidamente para remover de las manzanas las partes maltratadas o prietas. Luego, subían las manzanas por otra banda hacia el segundo piso, donde otros empleados las hervían y las preparaban para enlatar o embotellar.

Margarita allí trabajó conmigo. Era una muchacha de mi edad y ella sí que aguantaba el sueño, pues nuestro turno empezaba a las seis de la tarde y trabajábamos diez horas todas las noches. Con la monotonía del trabajo y el cansancio, sí había ocasiones en las que el sueño casi me vencía, pero Margarita, a mi derecha, en la siguiente máquina, aventaba una manzana al canalito, y al salpicar el agua, me mojaba la cara y me despertaba. En varias ocasiones, al acomodar las manzanas en la máquina, no quitaba la máno pronto, y el cuchillo me jalaba el guante de plástico. Gracias al cuidado que tenía Margarita conmigo, nunca me quedé dormida y nunca me herí.

Recuerdo muy bien que mi primer cheque de dos semanas, trabajando de lunes a viernes, diez horas diarias, me salió de $150. Cuando la supervisora me entregó el cheque, me preguntó:

"¿Qué vas a hacer con tanto dinero?" Yo no supe que contestar, pero estaba feliz porque era el primer cheque que recibía a mi nombre, y supongo que sí era mucho dinero para una joven. En 1964, una barra de pan costaba menos de 50 centavos y el galón de gasolina costaba 39 centavos. No tenía yo que pagar renta ni otros gastos porque vivía con mis padres. Entonces sí era mucho dinero para mi.

Así pasé dos veranos, trabajando en la embotelladora de manzanas. ¡Qué cansancio! ¡Qué experiencia! ¡Qué cheque!

"El coraje es aquello que nos lleva a brincar obstáculos—es la valentía" (3).

Cambio De Escuela Preparatoria

Al terminar mi segundo año escolar en Analy, nos avisaron que los estudiantes que vivían al noroeste de Sebastopol, tenían que pasarse el siguiente año a El Molino High School en Forestville, un pueblo a unas siete millas de distancia. Yo estaba entre aquellos estudiantes que tenían que cambiarse de escuela.

El Molino High School

Cuando cursé el tercer año de preparatoria en El Molino, ya me estaba acostumbrando a estudiar. Como éramos menos estudiantes, en esos maravillosos edificios nuevos, con el agradable aroma a cemento fresco y muebles recién comprados, las muchachas me empezaron a conocer y me ponían mucha atención. Me invitaban a comer con ellas en la cafetería y me hablaban despacito porque pensaban que todavía no entendía inglés.

Entre las muchachas que me brindaron su amistad, estaba Patricia, la hija del patrón. Paty esperaba parada en la esquina con nosotros, todas las mañanas, que pasara el autobús escolar. También, durante la pizca de la cereza, ella trabajaba con nosotros, allí temprano, en el rocío de la mañana, y así fui desarrollando admiración y confianza hacia ella. Con el tiempo, me empezó a invitar a asistir a los partidos de básketbol porque su novio, Jim, era una de las estrellas de los Leones.

Una regañada por no saber

Cuando todo parecía ir mejorando, incluyendo mi interés en el estudio, sucedió esto: Como a lo único a que había estado expuesta en México eran cursos de oficinista, en mi tercer año de preparatoria yo misma decidí tomar cursos de mecanografía, mejor conocido ahora como "teclado", y taquigrafía. Taquigrafía era el arte de escribir con símbolos los sonidos de las palabras y, así, podía uno tomar rápidamente las notas en reuniones, o tomar dictado para luego pasar a máquina algunos oficios y la correspondencia.

Al decidir qué clases tomar, yo no sabía que había diferentes sistemas de taquigrafía. En México nos enseñaban el sistema Pitman, quizá porque se prestaba muy bien para escribir las sílabas en español. En Forestville, por el contrario, nos enseñaban el sistema Gregg para escribir las sílabas y abreviaturas en Inglés. Algunos "razgos", como les llamaban, se parecían en ambos sistemas, pero representaban diferente sonido. Por ejemplo, una rayita (-) en español representaba el sonido "que", mientras que en Inglés, significaba "in".

Sucedió que un día, el Maestro Hillier, escribió en taquigrafía unas oraciones en el pizarrón, luego volteó y me pidió que leyera, pero yo me puse nerviosa, me confundí, me dio miedo y no pude decir nada. Entonces, se enojó mucho y me gritó: "No es que no puedas leer, es que no intentas. Yo no sé para que vienes a la escuela. Aquí vienen a aprender. Yo no estoy aquí para cuidar a chiquillos". Y prosiguió a pedirle a alguien más que leyera, mientras que yo me cubrí el rostro con las manos, descansando mis codos en el pupitre para que no vieran mis compañeros mi tristeza. Me dije: "¡No! ¿Por qué ahora que quiero mejorar me pasa ésto?" Sentía la cara caliente de vergüenza y de ira. En casa, no tenía yo la confianza de contar aquellos fracazos—o quizá era demasiado orgullosa para aceptar que los tenía-- y me bebí la amargura a solas.

Sin embargo, al día siguiente, el Maestro Hillier principió la clase diciendo: "Quiero disculparme con la Srita. Vera por haberle gritado ayer. Revisé su expediente y me di cuenta de que el Inglés es su segundo idioma. No solamente está aprendiendo Inglés sino que además está aprendiendo traquigrafía. Bajo las circunstancias, va muy bien". La inesperada disculpa me cayó de sorpresa y me conmovió. Otra vez escondí el rostro, pero esta vez mis lágrinas eran de la alegría. Después, cuando yo fui maestra, siempre traté a los jóvenes con el respeto con que me había tratado el Maestro Hillier, y me disculpaba también si en algo los ofendía.

Desde aquel incidente, el Maestro Hillier me supervisó más. Con frecuencia me preguntaba si iba bien, si entendía los conceptos que explicaba y si en algo me podía ayudar.

El Maestro Hillier era también mi maestro de mecanografía. Para desarrollar la velocidad en el uso del teclado, nos ponía música. Empezábamos la clase con música lenta, y poco a poco iba aumentando la rapidez, y nuestros dedos pizaban las teclas al mismo ritmo. Era divertida la clase.

Me daba tanto apoyo el Maestro Hillier, y no queriéndolo defraudar, desarrollé mi velocidad en el teclado al punto de que me escogió para ir con un grupo de estudiantes a competir a la ciudad de Pacífica. No gané. Si yo escribía 72 palabras por minuto, había otros de otras escuelas que se lucían escribiendo hasta 80 p.p.m. De regreso le dije: "Siento mucho no haber ganado. Yo sé que tenía fe y esperanza en mi". A lo que me contestó: "No importa. Lo esencial es que vinimos a participar y traje a estudiantes buenos". Con su respuesta y su sonrisa sentí paz.

Ese año, el Maestro Hillier del Departamento de Comercio (business), empezó el club estudiantil "Future Business Leaders of America" o Futuros Líderes del Comercio en América, y yo fui electa Secretaria. Esa posición me dio excelente oportunidad de aprender a tomar notas en reuniones y practicar mi taquigrafía en un ambiente verdadero--lo que tuve que hacer tantas veces en una de mis futuras profesiones.

Ultimo año de preparatoria

Mi cuarto año de preparatoria fue uno de los más divertidos y el que me dejó más gratos recuerdos de toda mi educación.

Tino, mi hermano, menor que yo, con una paciencia increíble, me enseñó a manejar. Entonces practicaba con él en la huerta de manzanos y, sí, le di un rozón leve a la Chevrolet Station Wagon con un árbol, pero no fue nada serio. Con el tiempo, a base de persistencia, pasé el examen de manejo. Con mi licencia de manejar, ya no tuve que cargar las bolsas del mandado, subiendo la lomita de Graton hacia la casa. Tino y yo nos íbamos a los mandados de cosas que necesitaba la familia. Además, estando yo en en el grado 12, con mi hermana Hilda en el 11, y Tino en el 10, los viernes nos dábamos el lujo de llevarnos la camioneta a la escuela. ¡Qué alegría!

Mis maestros eran divertidos. Por ejemplo, la Maestra Ambsbury que nos enseñaba Inglés, un día nos asignó preparar una pequeña presentación en la que dijéramos como llegar a algún lugar. Cuando me nombró, pasé al frente y empecé con el título: "Como llegar a Graton". Apenas si terminé de decir "Graton" cuando ella comentó: "¡Quién quiere ir a Graton!"

Mis compañeros pensaron que era un insulto y falta de respeto de la maestra hacia mi como su alumna, pero en verdad, a mi me cayó de gracia su comentario. Claro, la gente se alejaba de Graton porque en tiempos de la cosecha de manzanas, la embotelladora estaba en operación, y el olor en el pueblito de una sola calle principal no era muy agradable. La manzana tiene un olor agrio cuando está sobrecocida. En fin, yo proseguí con mi presentación. Para mi, la maestra de Inglés era divertida y me sentía yo muy tranquila en su clase.

Otra razón para sentirme contenta en el grado doce fue que era yo la consentida del Maestro Snyder, a quien ayudaba yo en la clase de Español. Lo ayudaba cuando se atoraba en la pronunciación de palabras o a corregir las tareas de mis compañeros. Eso me hacía sentir cierta responsabilidad y confianza.

Luego, en el mes de febrero, las muchachas de la escuela me nombraron, "Estudiante del mes por amabilidad". ¡Qué amable de parte de ellas! Guardé el ramillete hasta que se desbarató por si mismo.

Ese año canté en el coro de la escuela. Ya podía pronunciar mejor y, cantando, aprendía a mejorar mi pronunciación. Repasábamos y repasábamos nuestras partes cantadas, pero para mi también era repaso de la pronunciación de palabras nuevas en mi vocabulario.

A fin de año, recibí estos reconocimientos: 1) Placa del Banco de América como la Estudiante Sobresaliente en Negocios. 2) Beca de Santa Rosa Junior College. 3) Beca de la Asociación de Oficinistas.

Claro, no faltan los aguadafiestas en toda ocasión, y la asamblea para reconocimientos no iba a ser una excepción. Al salir, un graduado de nombre Tim, se acercó para decirme: "Los reconocimientos que recibiste debieron ser para mi. Yo los merecía más que tú". En defensa propia le contesté: "Alguien decidió que fueran para mi; no fue decision mía", y no permití que me hiciera sentir mal.

Como una semana antes de mi graduación de El Molino High School, mi consejera mandó un pase para que fuera a verla a la oficina. Muchas veces cuando los estudiantes reciben un pase para ir a la oficina, es que hay algún problema. Yo iba curiosa por saber de qué se trataba. No iba nerviosa porque no había hecho ninguna travesura.

Al entrar a su oficina, la Srita. Maxine Cody me pidió que me sentara y cerró la puerta. Puso sus brazos en el escritorio, y con los dedos entrelazados, me miraba fijamente mientras me preguntó: "¿Por qué no has puesto ninguna solicitud para seguir tus estudios?" Teniendo la esperanza de volver a México después de la graduación, y no teniendo modelos a quien seguir en la familia aquí en California, simplemente la miré y le sonreí. "Muchos estudiantes han llenado solicitudes para universidades y para Santa Rosa Junior College. La mayoría ha pedido cartas de recomendación, pero de ti no he recibido nada", prosiguió.

Yo continué callada, mirando y escuchándola. Esto me aconsejó: "Podrías ser maestra de español y de cursos comerciales". Miró con atención el expediente que tenía en su escritorio, y luego ofreció: "Tu promedio general en calificaciones está algo bajo, pero te puedo dar una carta de recomendación, explicando tu situación, para que te acepten en Santa Rosa Junior College". Luego me preguntó, "¿Qué dices?" A lo que le contesté: "Lo voy a pensar". "Tienes esta tarde para pensarlo", contestó, y al decir éso, tomó un paquete de papeles que tenía sobre una mesita que estaba al lado de su escritorio y me lo dio. "Llena estos formularios y me los traes mañana a primera hora", dijo con tono autoritario, y la reunión terminó.

Esa tarde, me fui a casa contenta al pensar que alguien más en la escuela tenía fe en mi. La Srita. Cody había mostrado interés en mi progreso educacional, al igual que las otras personas que me habían dado reconocimientos. Con eso en mente, después de ayudar a hacer las tortillas para la cena, cenar con la familia y lavar los trastos me retiré al dormitorio.

Una vez que estuve sola, tomé por las orillas y con mucho cuidado aquellos papeles que tenía que llenar. No quería maltratarlos; eran demasiado importantes.

Después de repasarlos, escribí con mi mejor caligrafía la información requerida, y con el mismo cuidado, entregué el paquete a la Srita. Cody la mañana siguiente, tal y como me había instruído. Ella, me sonrió y me dijo que mandaría mis documentos, con la carta de recomendación, a Santa Rosa Junior College. Iba a hacer todo éso por mi, pero yo no me daba cuenta de que estaba recibiendo tantas bendiciones. Ojalá que por lo menos le haya dado las gracias.

Graduación de El Molino High School

El grado doce de la preparatoria culminó con mi graduación en junio de 1966. La toga negra con cuello blanco y el bonete con borla (tassel) de color rojo, me llenaban de cierta satisfacción. Mi familia estaba presente. Mis padres, claro, estaban felices de verme graduar. Yo había estado ensimismada en mis corajes y caprichos y no me había puesto a pensar en lo que ellos sentirían con mi actitud, pues ellos nunca me reprocharon nada. Yo esperaba que mi graduación fuera un pequeño símbolo de gratitud, de mi parte, por los sufrimientos que yo les había causado a ellos.

Esa noche de mi graduación canté con el coro de la escuela, y todo, todo me pareció de maravilla.

"Si es verdad que la gratitud es un valor en crisis,
todavía hay quienes levantan la mano en pos de su existencia,
quienes a diario hacen algo por rescatarle del olvido" (4).

Santa Rosa Junior College

Santa Rosa Junior College es una escuela vocacional para carreras como: Certificado en la mecánica automotriz, o en repostería y más. Estas carreras cortas solamente requieren los cursos relacionados a la concentración misma, y no requieren cursos de educación general. Al mismo tiempo, ofrecen carreras de dos años que llevan al título Asociado en Artes--como título en Secretariado—pero este título sí require de educación general, que se compone de matemáticas, Inglés, ciencias sociales, ciencias naturales y educación física. Una tercera opción en la "junior college" es llenar los requisitos de educación general que las universidades requieren, y luego pasarse a una universidad para la concentración. Yo opté por seguir el programa de título Asociado en Artes.

Clase de Inglés en el Verano

Cuando recibí la carta de admisión de Santa Rosa Junior College, me inscribí en una clase de Inglés que sería de 7:00 – 10:00 p.m. durante unas semanas de verano.

Nunca olvidaré esa nochecita tibia, cuando mis papás mismos me llevaron a mi primera clase, en la escuela localizada en la Avenida Mendocino, en Santa Rosa, California. En nuestra station wagon verde, pasamos por la entrada principal, distinguida por un arco de hierro con la inscripción en letras grandes: SANTA ROSA JUNIOR COLLEGE.

Al entrar, sentí que aquel arco me daba la bienvenida con una especie de honor inesperado y, sobre todo, inmerecido. Por primera vez desde mi llegada a los Estados Unidos, sentí la emoción de superarme académicamente. En la preparatoria estaba intentando hacer buen trabajo, pero lo hacía por las personas que tenían fe en mi—como el patrón que nos había llevado a inscribir y mis compañeras de escuela--a quienes no quería defraudar. Ahora, a este nivel de educación, sentía el reto de seguir mis estudios para beneficio y satisfacción propios.

Mis padres me dejaron allí cerca del arco. Yo con mi libreta nuevecita debajo del brazo derecho y mi bolso colgando del hombro izquierdo, empecé a buscar el salón de mi clase. Mis papás, mientras, se fueron a pasar el tiempo en las tiendas que, en los años de 1960, solamente los jueves estaban abiertas hasta las 9:00 y algunas hasta las 10:00 p.m.

Para mi sorpresa, la profesora solamente se presentó y nos dio el "syllabus" o programa del curso, lo repasamos y luego nos despidió diciendo que para la próxima clase nos presentáramos con nuestros libros.

Eso nos tomó unos 20 minutos cuando más, y luego me encaminé hacia la entrada principal en la Avenida Mendocino a esperar a mis padres y contarles como me había ido. Mis padres, creyendo que estaría yo en clase las tres horas, volvieron cerca de las diez de la noche. En mi alegría por la experiencia vivida, disfruté también del aire fresco de la noche que ya empezaba a sentirse.

En esa clase de inglés aquel verano, escribimos largos borradores que la profesora revisaba y teníamos que volver a escribir con las correcciones. Fue entonces que descubrí mi encanto por las palabras y soñé en llegar a ser escritora algún día.

Luego, comenzando con el semestre de otoño después de mi graduación de El Molino High School, seguí los cursos para mi Título Asociado en las Artes de Negocios.

"Fluyo con los cambios que se están realizando en mi vida,
de la mejor manera que puedo" (5).

¿Estudio, Matrimonio O Las Dos Cosas?

He mencionado anteriormente que me trajeron mis padres a Estados Unidos porque mi Cita ya no me quería con ella en Chicavasco por andar de enamorada. Me había enamorado de Juan, y durante cinco años seguimos nuestro romance por correo. Nos escribíamos tres o cuatro veces por semana.

Vacaciones en Chicavasco

Después de mi llegada a Sebastopol en abril de 1962, no regresé a México sino hasta diciembre de 1963 cuando fui de visita con mis papás y mis hermanos durante nuestras vacaciones de Navidad. Teníamos dos semanas de vacaciones, pero como íbamos por carretera, pasamos cuatro días en el camino de ida, estuvimos en el pueblo unos días, y tuvimos que volvernos cuatro días antes de terminar las vacaciones para entrar a tiempo de nuevo a clases. Que el día primero de enero se considera un día festivo nos daba un día más para disfrutar.

Durante los días que estuvimos en Chicavasco, Juan y yo nos vimos varias veces. Nos sentábamos debajo de un mesquite a platicar en la sombrita por un buen rato todos los días, disfrutando de nuestra compañía, aunque mi familia no estaba muy contenta cuando me desaparecía de la casa. Y sí, mi novio me propuso que me quedara, pero no me sentía todavía lo suficiente madura para establecer una familia.

La despedida fue muy difícil, pero para entonces, sentía yo cierta responsabilidad de volver a California y seguir estudiando.

El día de mi partida, escuché a Juan tocando en su saxofón la canción "Viajera", y yo sabía que me la estaba dedicando a mi. Allí empezó mi tristeza.

Rápidamente di un abrazo a mis abuelitos maternos, Abraham y Carmelita, y me subí a la camioneta donde me acomodé hasta atrás, en el espacio para las maletas. En seguida pasamos a despedirnos de mi Cita, a quien di también un abrazo rápido y luego volvi a mi lugar en la camioneta.

Empecé el viaje encogida, abrazando mis rodillas, lloriqueando, tratando de no hacer ruido, mientras observaba cómo nos alejábamos más y más del pueblo que me vio nacer y donde se quedaba mi amado.

La siguiente Navidad, volvimos a Chicavasco, y todo fue lo mismo: La alegría de ver a la familia, la sensación del corazón agitado al encontrarme con mi novio y, luego, la triste despedida. Me vine otra vez.

Los siguientes dos años fueron de estudio y trabajo. No hubo vacaciones. Sin embargo, las cartas de amor seguían yendo y viniendo. Hubo ocasiones en que pensábamos que quizá era solamente una costumbre escribirnos, y decidimos hacer un trato: Si para mi siguiente visita todavía nos gustábamos, nos íbamos a casar.

En octubre de 1966, mi novio escribió a mi papá una carta, diciéndole que éramos novios, y que sus intenciones eran de casarse conmigo en nuestra próxima visita en diciembre. Mi papá leyó la carta y me preguntó: "Si se casan, ¿dónde y de qué van a vivir?" Mi respuesta, como de toda persona joven, fue: "No sé". El continuó sus comentarios, que eran más bien, consejos: "Cuando estamos jóvenes y enamorados, pensamos que vivir juntos, aunque sea debajo de un nopal, es muy romántico, pero después viene la familia y hay que darles donde vivir y que comer. Tienen que pensar en esos detalles". Mi única respuesta fue mirarlo y asentir con un movimiento de cabeza a lo que me estaba diciendo. No hablamos más del asunto.

Estudio Vocacional en Santa Rosa Junior College

Para que yo me fuera sola, mi papá compró un carrito Falcón 1964, color crema, tan bien cuidado que parecía nuevecito. Cuando lo compró, no dijo que era para mi, pero la mañana que iba a empezar mi semestre de otoño, me llamó hacia afuera, donde había estacionado el carrito y me dio las llaves. "Para que te vayas a la escuela", me dijo.

Yo, le contesté, casi entre dientes, "gracias" y lo miré alejarse a continuar su trabajo en la huerta adyacente a la casa. Estaba yo encantada con esa monada de carro, y más cuando en él me fui a mis clases a Santa Rosa Junior College. Me sentía más madura y feliz de estar en estudios superiores. Ya no me sentía tanto como la flor de violeta, frágil y delicada. Me sentía como la flor de manzano, lista para dar fruto.

El primer semestre, además de mis clases de comercio, me inscribí en una clase de "Field Hockey", que llenaba el requisito de educación física. ¿Qué era? Cuando me apunté, no tenía idea que llevaba más o menos los mismos reglamentos que el fútbol soccer, pero la pelota era pequeña y las maniobras se hacían con un palo que tenía el final en forma de gancho y el lado izquierdo plano. Con el lado plano pasábamos la pelota a las compañeras, y la meta era meter la pelota en la puerta del equipo contrario. Como Yolanda era muy largo para llamarme en el campo, me apodaron Bubu las compañeras. Ser parte del equipo era muy divertido, especialmente porque la maestra nos llevaba a competir a otras escuelas vocacionales y a algunas universidades. A base del deporte visité por primera vez la Universidad de Davis. Yo, la pequeñita, apenas de cuatro pies y ocho pulgadas de altura, morenita, de los Otomíes del Estado de Hidalgo en México, estaba estudiando en Junior College, era parte del equipo de Field Hockey y había visitado la Universidad de Davis. ¡Más bendiciones no podía pedir!

Como en mi pueblo todos conocían a todos, andábamos libres, y yo no estaba acostumbrada a dar cuenta de mis actos a nadie. Además, mi abuelita siempre estaba ocupada en su tienda y yo nunca compartía con ella nada de lo que me pasaba ni a donde iba. Ahora, con el carro, no hacía nada malo ni me iba de parranda, pero no avisaba cuando iba a volver tarde, como cuando nos íbamos a competir lejos en los partidos de Field Hockey. Mi papá me tuvo que decir: "Aunque sea por cortesía, tienes que avisar a donde vas y a qué hora vas a volver". No me había dado cuenta de mi rudo comportamiento, que tenía preocupados a mis padres, pero después de que me dijo éso, me di cuenta de que tenía razón y empecé a avisar a donde iba y a que hora volvería.

Ultima ida a México siendo soltera

Volviendo a lo relacionado a las vacaciones de diciembre y mi posible boda, muy feliz empaqué mi ropita y, otra vez con toda la familia, nos fuimos a México de vacaciones. Ahora tenía que enfrentarme a mi novio con nerviosidad y determinar si seguíamos queriéndonos. Más nerviosidad sentía yo porque pasaron creo que dos días de haber llegado al pueblo, y por más que caminaba por el camino real, de la casa de una abuelita a la casa de la otra, Juan no aparecía. En esos días no se miraba bien que una joven fuera a visitar al novio a su casa, así que esperaba encontrarlo en el camino. Días después, dijo que tenía temor de encontrarme y de que ya no lo quisiera yo, por eso no me había buscado.

Por fin, por la tarde del tercer día de mi llegada, Juan iba en su bicicleta cuando nos encontramos en frente de la casa del abuelito Abraham, papá de mi mamá. Allí nos encontramos, nos abrazamos y, cuando recargué mi cabeza sobre su pecho, me sentí feliz, protegida y con esa confianza que siente uno hacia el ser amado. Entonces supe que, en verdad, todavía nos amábamos. No dijimos mucho ese día, pero al día siguiente empezamos a platicar de nuestra boda.

Petición de mi mano y preparativos para la boda

Juan me dijo que sus papás irían a hablar con los míos para pedir mi mano y hacer los trámites de nuestra boda. Mis sentimientos en esos momentos eran de alegría, pero al mismo tiempo de incertidumbre, pues casarse es un paso serio en la vida. Sin embargo, Juan me dijo: "Si esta vez no nos casamos, vamos a olvidar este noviazgo. No tiene chiste que tú estés lejos y yo aquí". Al darme un "ultimatum", no me quedó otra solución más que proseguir con el plan.

El 25 de diciembre fueron mis suegros a hablar con mis papás, y fijamos la fecha de la boda. Sería el 29 del mismo mes.

Un detalle que mi papá mencionó aquel día fue: "Nos gustaría que Juan se fuera también para los Estados Unidos". El comentario así quedó, no hubo ni preguntas ni respuestas, porque había otros detalles de importancia inmediata que atender acerca de la boda.

Queríamos que la boda fuera en Chicavasco y fuimos a Actopan, la ciudad más cercana, a preguntar si el padre tenía tiempo para casarnos en la fecha fijada y si la Misa podia ser en nuestro pueblo, pues nunca se había celebrado una boda allí; la nuestra sería la primera.

El padre nos cobró por no correr amonestaciones, por la Misa, por el coche para su transportación y por todo lo que se le ocurrió en aquel momento. Puesto que mi familia tenía que regresar a California pronto, no hubo más remedio que aceptar las condiciones y los cobros excesivos del padre.

En seguida, los papás de Juan se encargaron de buscar padrinos de velación y de anillos, y mis papás buscaron padrinos de arras.

Además, mis papás fueron a El Arenal, otra pequeña ciudad cercana, para ver si el Juez de allá podia ir a Chicavasco a presidir la ceremonia civil el mismo día en que tendría lugar la ceremonia religiosa, y el juez accedió.

Proseguimos con ir a comprar mi vestido de novia a la Ciudad de México. Como mis hermanas y la novia de mi tío Chilo iban a ser las damas, fueron con nosotros a buscar sus vestidos. Por la tarde volvimos al pueblo con un detalle menos de que preocuparnos. Todo marchaba bien, pero aún así, Juan me preguntó: "¿De veras estás dispuesta a casarte conmigo? Todavía es tiempo de que te arrepientas". A lo que contesté: "Claro que no me arrepiento".

Ceremonias y detalles

Con mi vestido rojo y mis zapatos negros, me presenté con mis padres en la casa de Juan a las 10:00 a.m. del 29 de diciembre, 1966. Allí fue la ceremonia civil que duró como media hora, luego firmamos los debidos documentos y volvimos a casa del abuelito Abraham.

En la casa del abuelito Abraham y mi abuelita Carmelita, mi mamá me ayudó a arreglarme para la ceremonia religiosa. Nunca ha sido importante para mi arreglarme demasiado el pelo y menos pintarme la cara, y ese día no iba a ser diferente. No habría sabido como arreglarme.

Manuel, el novio de mi hermana Hilda, había ido de visita al pueblo y llevaba un auto Impala azul, y en ése nos transportamos a la iglesia.

En el atrio de la iglesia, mis papás, nuestros familiares, amigos y yo esperamos y esperamos. La ceremonia estaba programada para las dos de la tarde, pero el sacerdote no llegaba. Era una tarde de invierno al estilo Méxicano—caliente. Estaba tan caliente la tarde, que a mi papá le empezó a sangrar la nariz. Mi Cita Aurora le dijo: "Tápate la cabeza con tu pañito (le decía pañito al pañuelo)". Mi papá susurró: "Está sucio". Un detalle que nos hace reir cuando lo recordamos.

Habría pasado una hora y media cuando el sacerdote por fin llegó y la ceremonia empezó. La familia Sánchez nos había pedido bautizar a su niño, Crisóforo. En eso de que cargamos al niño, para que le echaran el agua, mis arras se desaparecieron. Alguien en el pueblo las tiene. ¿Quién las tendrá?

Después de la Misa, proseguimos hacia la casa de mi Cita Aurora para el banquete de mole, arroz y frijoles—lo tradicional en esas ocasiones. "Mi Carmelita", así le decíamos, en vez de "mi abuelita Carmelita", no había asistido a la ceremonia porque había estado cocinando toda la mañana. Siendo una excelente cocinera, no iba a permitir que alguien más preparara el mole, que hizo "from scratch", desde desvenar los chiles pasilla, agregar un sin-fin de ingredients, moler todo en el metate y cocer la deliciosa mezcla en una enorme cazuela de barro.

A la comida siguió el baile, con música de los amigos de Juan. Cansados, mejor dicho, agotados, terminamos el primer día de celebración como a las diez de la noche.

Al despedirse las amistades y los familiares, mi mamá me dijo: "No puedes irte con Juan hoy. Mañana su familia va a venir por ti, y nosotros te vamos a entregar a su casa". Estábamos en Chicavasco, y había que seguir las tradiciones del pueblo. Habíamos esperado cinco años para estar juntos, ¿qué era un día más?

Entonces, mis papás y hermanos se fueron para la casa del abuelito Abraham en la camioneta. Juan y yo nos fuimos caminando, tomados de la mano, disfrutando el plenilunio y la frescura de la noche. Al llegar a la casa del abuelito, nos dimos el beso de las buenas noches, y yo me fui a buscar un rinconsito donde dormir—en el petate, con mi abuelita.

Segundo día de celebración

Es común en los pueblos mexicanos echar la casa por la ventana en celebraciones especiales, y nuestra boda lo era. Entonces, mis amigas Celia y Raquel me ayudaron a ponerme el traje de novia otra vez. Estaba lista cuando la comitiva llegó por mi. Entonces nos fuimos a la casa del novio a celebrar, por parte de su familia, con otro banquete y música de orquesta hasta quién sabe que hora de la mañana.

Al terminar la segunda celebración, mi mamá me dio su santa bendición, y allí me quedé a empezar mi vida de casada.

Felicidad e inquietudes

Sin lugar a dudas, había escogido a un hombre magnífico como esposo. Juan, me mimaba, me consentía y me quería mucho. Entre abrazos y besos pasé una semana muy feliz, pero luego me di cuenta que era verdad lo que habían dicho algunos familiares a mi mama: "No la dejes que se case con él y se quede aquí en el pueblo. Tu hija no está acostumbrada a juntar leña para cocer el nixtamal (maíz para las tortillas), y no sabe lavar la ropa a mano en una piedra".

Me puse seriamente a pensar que aquél ya no era mi ambiente, que estaba perdiendo una semana de clases, y recordando que mi papá había dicho a Juan y a sus papás que estaba invitado a venirse con nosotros a California, decidí proponerle: "¿Por que no vamos a la Embajada Americana para ver si conseguimos una visa para ti y nos vamos a California? Estoy estudiando, me han dado becas, y no quisiera quedar mal abandonando mis estudios". Juan accedió y fuimos a la Ciudad de México, pero le dijeron que si estaba casado, era mejor que esperara para arreglar sus documentos de residencia permanente en vez de otorgarle la visa turística que estaba solicitando.

Con ese plan, me regresé a California Norte, y él se quedó, por cuatro meses más, a escuchar las habladurías de la gente, con comentarios como: "Tú aquí, y ella quién sabe con quien estará por allá". Sin embargo, las cosas con amor se superan y terminan con un desenlace agradable. Cuarenta y siete años después, seguimos juntos y contentos. Claro, como todas las parejas, hemos tenido desacuerdos, malos entendidos y faltas de comunicación, pero eso sucede a todos los humanos.

Empezando La Familia Y Nuevos Empleos

No se puede tener todo, ni es humanamente posible hacer todo lo que uno quisiera, y al estar jóvenes, no sabemos mucho de prioridades, pero haciendo las cosas responsablemente, la vida misma nos va enseñando los pasos que debemos tomar.

Requisitos para obtener la residencia permanente en E.U.

Un requisito para obtener residencia permanente, en los E.U., para mi esposo, era la "Carta de trabajo". Por suerte, el Sr. Best, dueño del rancho donde vivíamos, nos dio la carta diciendo que si Juan venía, él le daría trabajo.

Otro requisito era una carta de sostenimiento. Para eso, empecé a trabajar en "Grant's Deparment Store", en el departamento de zapatería. Me daban cuatro horas al día, y me pagaban $1 la hora, pero la carta solamente necesitaba decir que tenía yo empleo. Lo que quiere saber el gobierno es que las personas que llegan a los Estados Unidos no van a ser una carga pública. La "Carta de sostenimiento", indica que hay alguien que puede sostener a la persona en caso de que le falte trabajo.

No mucha gente quería venir a los Estados Unidos en esos tiempos y era más fácil arreglar; para abril, ya estaba aquí mi esposo, en Santa Rosa.

La venida de mi primera bebé

Con la llegada de mi esposo y viviendo nuestra luna de miel, pronto me embaracé. Me puse muy delicada de salud con el embarazo. Lo único que yo quería era dormir.

No obstante, me iba a Santa Rosa Junior College por las mañanas, pero con el calorcito del sol, me estacionaba y me quedaba dormida. Me despertaba cuando mis clases ya habían terminado, o simplemente me sentía tan desganada que ya no entraba a clase. Así pasé los primeros tres meses del embarazo. Entonces, mis calificaciones bajaron y perdí mis becas.

Estuve unas semanas sin trabajo y sin estudio. En esos días, conviví con mi mamá más tiempo porque todos los demás se iban al trabajo o a la escuela. Mi esposo trabajaba en el rancho de manzanos; el patrón había acordado darle trabajo y se lo dio. Yo le ayudaba a mi mami a cuidar las plantas, a preparar la comida y como siempre, desde que llegué de México, me tocaba hacer las tortillas para la cena de diez personas.

Empleos de Oficinista

La vida es así, una acción nos prepara para otra, y a veces parece que nosotros mismos no tenemos control de lo que nos sucede y nos sentimos como una barca a la deriva. Sin embargo, si ponemos nuestras vidas en las manos de Dios, todo evento tiene su por qué y su resultado debido.

Recepcionista

Una tarde, durante el tiempo que estuve en casa por mi embarazo, fui a "Fiesta Market" en Sebastopol a comprar los comestibles. Allí, me encontré con la Sra. María Reyes, una amiga de la familia.

"¿Qué estás haciendo estos días?" Me preguntó. "Nada", le contesté. Luego me pasó una información inesperada. "En la oficina de Programas de Acción Comunitaria están buscando una recepcionista. Habías de solicitar el trabajo", me dijo. "¿Quién va a darme trabajo así?" Le dije, mostrándole mi pancita. "Nada se pierde con probar", comentó.

Esa tarde, me fui a casa pensando en lo que dijo la Sra. Reyes: "Nada se pierde con probar". Con esa idea, fui el día siguiente al lugar indicado a solicitar el puesto de recepcionista. Para mi sorpresa y agrado, me lo dieron.

Mi supervisora era una mujer de unos 30 años de edad, que era la Secretaria del Sr. Roy Mitchell, Director de "Grass Roots", uno de los Programas de Acción Comunitaria, para el mejoramiento educacional, social y económico de las personas de bajos ingresos y de las minorías.

Diana se dio cuenta de que podia yo leer sus notas escritas en taquigrafía, de los reportes de las reuniones y, entonces, continuamente me las daba a traducir. Después, no solamente me daba los reportes a pasar a máquina, sino que empezó a darme toda clase de documentos que ella no quería hacer. Yo, me sentía contenta de tener un trabajo de oficina, donde contestaba el teléfono, recibía y anunciaba a los visitantes y preparaba una serie de documentos oficiales.

Un día, el Sr. Mitchell se detuvo ante mi escritorio a decirme: "Me doy cuenta que tú haces mucho del trabajo de Diana". Yo le sonreí y le contesté: "Sí, puedo leer sus notas y paso a máquina los documentos". "Tienes muchos talentos que estamos desperdiciando al tenerte como recepcionista", continuó el patrón. "Tan pronto como se pueda, te subo de puesto", me dijo.

Promoción a Secretaria

Un día, el Sr. Mitchell me pidió que pasara yo a su oficina y, al entrar, me encontré a Diana allí. No supe qué habían estado discutiendo, pero cuando yo entré, él le dijo: "Voy a poner a Yolanda de Secretaria, y tú puedes quedarte en el programa a trabajar, pero ella va a ser tu supervisora; es decir, van a cambiar de puestos". Al escuchar Diana la decision del patrón, dijo: "De ninguna manera voy a trabajar yo bajo la supervisión de ésta". Mirándome desdeñosamente, salió azotando la puerta. Hubo un rato de silencio, luego el Sr. Mitchell me sonrió y dijo: "Ya tienes el puesto".

Un tiempo después, me dieron dos meses libres de maternidad. Nació mi niña Chela, y pasé el tiempo con ella. Después, con la bendición de que mi mamá me la cuidaba regresé a trabajar. En el nuevo puesto, tenía yo que asistir a reuniones de la mesa directiva, de vez en cuando, por la noche, y mi nena siempre estaba en buenas manos. Yo seguía haciendo lo mejor posible para merecer mi sueldo de $345 al mes.

Promoción a Secretaria Ejecutiva

El programa en el que trabajaba era "Grass Roots", pero estaba bajo la agencia principal titulada, "Sonoma County People for Economic Opportunity". Pronto, el Sr. Mitchell recibió la promoción a Director Ejecutivo, y me llevó a su nueva oficina, dándome el título de Secretaria Ejecutiva. En esa posición tenía yo a dos asistentes y algunos estudiantes que estaban recibiendo entrenamiento, pagados por el Departamento Estatal de Empleo. Yo delegaba las responsabilidades lo mejor que podía, y entrenaba a los estudiantes a redactar documentos oficiales y a preparar un trabajo limpio y presentable.

Los Programas de Oportunidad Económica tenían como lema: "No les des una limosna--prepáralos para trabajar" y, con ese principio, me permitían tomar una clase por semestre en Santa Rosa Junior College durante horas de trabajo. Aproveché la oportunidad.

Cinco años trabajé en esos programas, y en ese tiempo, ya tenía a Chela, Cheli y Juanito. Cada vez que daba a luz a un bebé, me permitían quedarme dos meses en casa para estar con mis niños. Yo disfrutaba cada momento con ellos, viéndolos juntos jugar y a veces tener sus desacuerdos de niños entre ellos.

A pesar de estar muy contenta con mi empleo y recibir varios beneficios, había mucha inseguridad cada año, debido a que los fondos venían del gobierno federal. Entonces, decidí buscar por otros lados un trabajo más seguro.

Me habían enseñado a volar…y me aventé.

Cambio De Empleo Y Graduación De La Vocacional

Al no tener seguridad de trabajo, año tras año, decidí buscar empleo en varias agencias en Santa Rosa. Me llamaban a entrevistas, me daban exámenes de rapidez en el uso del teclado, y por alguna razón, mis dedos se congelaban. Pronto recibía una carta diciendo que el trabajo se lo habían dado a alguien más. Entonces, concluí que cuando las cosas no son para uno, simplemente no las son, pero algo mejor nos aguarda.

Secretaria Administrativa

Vi anunciada la posición de Secretaria Administrativa en la Facultad de Ciencias Naturales, de la Universidad Estatal Sonoma en Rohnert Park, la solicité y pronto me llamaron para una entrevista. ¡Qué trato! El Dr. Joe Brumbaugh, quien era el administrador, se puso de pie cuando entré. No recuerdo las preguntas que me hicieron, él y su asistente, Joyce Sallady, pero un tiempo después de que me dieran la posición, pregunté a Joyce, por qué me habían escogido a mi, y me dijo: "En tu empleo anterior tenías promoción tras promoción y eso nos impresionó".

El Dr. Brumbaugh era el Administrador de estos departamentos: Astronomía, Biología, Geología, Química, Física, Enfermería, Educación Física y Matemáticas. Cada departamento tenía su director y su secretaria. Yo era secretaria de toda la División. Cuando los jefes de departamento se reunían para hacer decisiones de fondos monetarios y cuantas clases iba a ofrecer cada departamento el semestre siguiente, me tocaba asistir para tomar notas de tales decisiones y luego presentar reportes.

Otra responsabilidad que tenía era trabajar con el Comité de Evaluación y Promoción de los catedráticos en la división. Cada departamento tenía un representante en el comité, y cada representante tenía que firmar las recomendaciones. Después, las recomendaciones pasaban al Comité de Evaluaciones y Promociones de catedráticos de toda la universidad. De esos documentos dependían las promociones de los catedráticos todavía en periodo de prueba, y la prueba duraba como cinco años. Si no habían hecho estudios en su rama y no los habían publicado, no avanzaban muy rápido y cada nivel tenía su escala de salarios. Además, todos los documentos de evaluación eran confidenciales, y yo me sentía alagada de ser la persona encargada de trabajar con dicho comité.

En tiempo de exámenes, si las secretarias se atrasaban en el trabajo, no era mi responsabilidad, pero yo les ayudaba. Era una magnífica oportunidad de aprender terminología científica y, a base de eso, cuando un profesor de química publicó su libro, me pidió que yo se lo pasara a máquina. Para mi fue un honor.

Claro, eso fue antes de que existieran las computadoras. Como su libro era un proyecto personal, yo hacía su trabajo en la casa por la noche y me pagaba $1 por página. Era buena paga, aunque a mi hijo Juan no le gustaba la idea de que yo estuviera trabajando en la casa. Le había tomado cierto resentimiento a mi máquina de escribir, y mientras yo escribía, él quería estar parado en mi silla, recargado en mi espalda, mirando lo que yo hacía.

Parece como que todo era de maravilla en mi trabajo en Sonoma State, pero tuve mis contratiempos. Un ejemplo fue el día que uno de los profesores, hablando de sus viajes, le dije de chiste que me llevara, y en vez de decirme que no podia, me dijo: "No olvides que somos de diferentes clases sociales". Pienso que quiso decir que con mi sueldo no me alcanzaba para pagar los boletos, pero no tuvo que ser tan cruel con su respuesta.

Otro ejemplo de experiencia negativa en la Universidad fue cuando pasé un "memorandum" a toda la facultad y no deletreé correctamente la palabra "philosophy". Cuando Joyce, que era la supervisora de la Oficina, vio que había puesto doble l, me aventó el papel en el escritorio y me gritó: "¡Ve a recoger todas las copias y corrige tu error!" Fue una pérdida de tiempo y de papel, pues todo mundo hace errores, pero ella era una perfeccionista. Yo simplemente obedecí.

A pesar de que Joyce era delicada, exigente, y a veces me hacía la vida difícil, yo la quería mucho porque me enseñaba cosas. Por ejemplo, me enseñó a tejer a gancho. Cuando mi hijo Rolando nació, le tejí una cobijita, algo que no había yo hecho para mis primeros tres niños.

Me enseñó también a bordar con una puntada Rusa llamada Goloshkoy, usando una aguja gruesa que se mete y se saca al reverso de la tela, y así va dejando doble hilo por debajo y se va formando el diseño. Con esa puntada bordé una imagen de la Virgen de Guadalupe, sobre manta y, años después, ganó un "Tercer Lugar" en la exposición de trabajos domésticos en la Feria del Condado de Sonoma.

Joyce me dio varias recetas de galletas u otros bocadillos que probábamos durante los descansos o durante la hora del almuerzo en la oficina.

Tristemente, como ella fumaba mucho, le dio cáncer en los pulmones y murió. Extrañé mucho su presencia, sus enseñanzas y hasta sus regaños.

Días después de su muerte, su esposo fue a recoger las cosas personales que había dejado ella en su oficina. Ya que se fue, Delmy, la Recepcionista de nuestra oficina, y yo nos repartimos las cosas que él no se quiso llevar. Por ejemplo, yo me traje una especie de basija chica, de piedra pulida, donde ponía sus "paper clips" o sujetapapeles, la que todavía conservo sobre mi escritorio en la casa.

Mi horario en la Universidad era de 8:00 a.m. a 4:30 p.m. y no requería de asistir a eventos por la noche, excepto una vez al año—cuando tenían el programa de "Noche de Ciencia" para estudiantes de preparatoria en la región. Era mi responsabilidad organizar el programa y hacerle publicidad en el periódico local. También mandaba invitaciones individuales a los maestros de ciencias y matemáticas de las preparatorias. Asistían aproximadamente 1,000 estudiantes con sus maestros. Esa era la noche en que me presentaba para servir de guía. Me encantaba, especialmente porque podia llevar a mis niños, y ellos entraban a los diferentes salones a ver las presentaciones.

Graduación de la vocacional

Al no tener responsabilidades de trabajo por las noches, seguí tomando clases en Santa Rosa Junior College. Era dificil porque después de un día de trabajo, asistir a clases de noche me daba sueño. También me daba vergüenza bostezar, así que me pasaba el tiempo tomando apuntes para permanecer alerta. Me tardé siete años para completar las clases requeridas, pero sí recibí mi Título Asociado en las Artes de Oficinista, o "Associate of Arts Degree in Business". Seguí cosechando.

Algunos infortunios favorecen

La muerte de Joyce, mi supervisora en la Universidad, ocasionó que yo me dedicara con más empeño al estudio. Sucedió que al morir ella, queriendo yo hacer puntos para subir a su posición, hacía yo mi trabajo y luego iba a su oficina a hacer el de ella.

La contabilidad consistía en llevar la cuenta de los gastos e ir deduciéndolos de la cantidad asignada a cada departamento a principios de cada año escolar, y luego hacer un reporte financiero a fines de cada mes. Otra responsabilidad era asignar un salón de clase a cada sesión que ofrecían los departamentos.

Me pasé haciendo el trabajo de Asistente Administrativa por casi un año. Cuando por fin le dije al nuevo Deán (los cambiaban cada cuatro años) que era demasiado cansado para mi hacer el trabajo de ambas posiciones, se comunicó con el Departamento de Personal y empezaron los trámites para llenar la posición. Al leer yo la descripción de las responsabilidades y los requisitos para solicitar el trabajo, me di cuenta de que no calificaba ni para poner la solicitud porque requería título universitario, o sea lo equivalente a dos años más de estudio después del título asociado que ya tenía.

Pregunté si la experiencia adquirida esos meses no contaba, pero me contestaron que la experiencia se requería, además del estudio necesario. Me enojé, lloré y culpé al Deán de no apoyarme, pero al final me di cuenta de que la única culpable de no tener un título universitario era yo.

Aceptar una realidad de esas es doloroso, pero al mismo tiempo, es lo que hace a una persona más fuerte en todos los sentidos. Aceptar que yo era responsable de mis actos, o falta de ellos, me hizo fuerte porque calmé mi enojo, vi las cosas con claridad, dejé de culpar a otros de mis propias iniquidades, y opté por solucionar el problema para no enfrentar situaciones semejantes en futuras ocasiones.

El haberme negado la posición por no tener un título universitario, me dio la fuerza y la motivación para seguir estudiando. Si trabajaba en la Universidad y no tomaba clases, era como tirar un pato al agua y que el animalito se negara a nadar.

Ahora lo que quedaba era investigar los detalles de inscribirme en la Universidad como estudiante.

Si te avientan manzanas, hornéate un buen pastel.

Estudios En La Universidad Estatal Sonoma

Supe que los empleados de la Universidad tenían el derecho de tomar una clase por semestre, sin pagar colegiatura, si de alguna forma esa clase beneficiaba al empleado en su trabajo. Había que llenar la solicitud que debía ser aprobada por los supervisores inmediatos y los del Departamento de Recursos Humanos.

Entonces la pregunta era: ¿Qué clase debería tomar? Y esa pregunta me llevaba a la siguiente: ¿En qué me iba a especializar? Después de dar varias vueltas al asunto, decidí especializarme en "Comunicaciones". Era una opción en el Departamento de Inglés, en la Facultad de Humanidades.

Debido a que en mi trabajo tenía yo que redactar algunos documentos por mi misma, aceptaron mi petición de tomar una clase de composición sin pagar colegiatura. Luego, en el trabajo, recibía yo ocho horas de vacaciones al mes, y las empecé a usar cuando, durante horas de trabajo, me iba a tomar la clase.

Estudio en Inglés y Graduación con Título Universitario

Todo lo útil cuesta, y ya no me preocupé de que me dieran las clases gratis, sino que solicité admisión a la Universidad en calidad de estudiante regular. Para eso, me pidieron mi expediente de Santa Rosa Junior College, y tuve que enfrentar la siguiente realidad: En junior college había estudiado mi educación general, como matemáticas relacionadas a negocios, pero no unas matemáticas aceptables en una carrera universitaria. Claro, tenía yo que empezar de nuevo. Para entonces, ya había decidido seguir estudiando hasta recibir un título universitario.

A veces ya ni quería pensar en las unidades. Una clase de tres horas a la semana daba tres unidades de crédito por semestre, pero el laboratorio de ciencia, que consistía de cuatro horas, solamente daba una unidad. Eran 124 unidades las requeridas para el título, y ya ni contaba cuantas me faltaban, simplemente llevaba el curriculum que un consejero de la universidad me había dado para algún día recibirme en Inglés, con concentración en Comunicaciones.

Graduación con Título Universitario

En aquellas clases de Inglés aprendí a escribir, a leer literatura universal y de los Estados Unidos, oratoria, canto, y muchas otras materias que llenaban los requisitos para para la graduación. Así seguí tomando una clase en otoño, otra en primavera y una más en el verano, y seguía trabajando tiempo completo. Tiempo completo quiere decir ocho horas al día.

Cuando vi que sí podia graduar y mis unidades se estaban acumulando, pedí trabajo de tiempo parcial—cuatro horas al día. Por suerte, me lo concedieron y muy orgullosa, recibí, después de diez años, mi Título Universitario en Inglés, o "Bachelor of Arts Degree in English".

Admisión en el Programa de Credenciales de Enseñanza

¿Terminó mi estudio con el título universitario? Por supuesto que no. En el subconsciente traía todavía la idea de enseñar, como me había inspirado mi abuelita Aurora. Además, recordé que un día me dije: "Voy a aprender el Inglés lo suficiente bien para enseñarlo". Acto seguido: Llené la solicitud para entrar al programa de Credenciales de Enseñanza. Me aceptaron.

Buen chasco

Aquí cabe compartir la experiencia que tuve al pensar que sabía yo escribir el Inglés. Ese primer semestre, me tocó una clase de "Técnicas de la enseñanza" con el Profesor Robert Coleman. La clase tenía una especie de laboratorio, y mi proyecto era ayudar a estudiantes de Inglés como Segunda Lengua a mejorar su escritura. Eramos cinco estudiantes y nos reuníamos con el profesor una vez a la semana para platicar de nuestros propios estudiantes, de sus necesidades linguísticas y qué estábamos haciendo para ayudarlos. Al terminar el semestre, el Profesor quería ver nuestro reporte escrito, y del contenido de aquel reporte dependía nuestra calificación.

Muy orgullosa de mis logros, entregué mi carpeta verde con mis reportes semanales. Al siguiente día recibí una llamada del Profesor Coleman: "Quiero verte en mi oficina", dijo con voz autoritaria. "Ven tan pronto como puedas". Claro, su tono de voz me espantó y fui de inmediato.

Al tocar la puerta de su oficina, dijo que pasara yo. Cuando entré, él tomó mi carpeta y me dijo: "No voy a darte crédito este semestre. No sabes escribir".

Lo miré y lo único que se me ocurrió decirle fue: "Pero tengo una C en mi clase de inglés".

"Pues yo no puedo darte credito", dijo, abriendo mi carpeta. Luego, me señaló que diera vuelta y me parara detrás de su escritorio para que leyera lo que él había marcado. "¿Qué quieres decir aquí?" Preguntó con tono de disgusto. Yo, leí en voz alta y quebrantada el párrafo señalado, y luego le expliqué lo que quería decir. A lo que él me preguntó de nuevo: "¿Y por qué no escribiste éso?"

Seguramente para que yo entendiera lo que él esperaba, me hizo leer más párrafos y luego me pidió que explicara lo que quería yo decir en cada uno. Entonces me di cuenta de que adornaba mi escritura con palabras innecesarias que solamente obscurecían el significado de mi expresión. Al mismo tiempo, me di cuenta de lo que el otro profesor quiso decir.

El otro profesor, cuyo nombre olvidé, me dijo que tenía C de calificación en la clase de Composición. Le pregunté: "¿Cómo puedo mejorar mi escritura?" "No tiene nada de malo lo que escribes, simplemente que otros estudiantes escriben mejor", me contestó.

¡Vaya respuesta! Me dejó en las mismas condiciones. Quizá no quiso tomar el tiempo para ayudarme o no sabía como ayudarme. ¿Será que por eso ni su nombre recuerdo? En cambio los comentarios del Profesor Coleman, aunque me parecieron fríos y rudos al principio, hicieron una gran diferencia en mi preparación profesional.

Tal y como lo había dicho, el Profesor Coleman no me dio calificación aquel semestre y tuve que repetir la clase, pero la segunda vez, me llamaba a su oficina con frecuencia para repasar mis escritos y me enseñaba técnicas de la escritura.

Visitas a los salones de clases

Así pasé dos años, aprendiendo a enseñar. Después, los cursos requerían de visitas a clases en las escuelas. Algunos maestros me recibieron con alegría y me dieron la oportunidad de trabajar con sus estudiantes. A veces trabajaba con ellos individualmente y otras veces en pequeños grupos.

Un día, la Maestra Fitzpatrick de Cook Middle School—Escuela Secundaria Cook--me dijo: "Ismael no había entregado ningún trabajo hasta que llegaste y empezaste a trabajar con él". Me llenó de alegría su comentario, y me hizo sentir que sí podia hacer la diferencia, en referencia al estudio de algunos jóvenes, y por lo tanto, en sus vidas.

Otro ejemplo de circunstancias que me animaron a continuar en el programa de credenciales fue: La maestra Makofsky de Santa Rosa Middle School, me puso a trabajar con Francisco, en su clase de Inglés Como Segunda Lengua.

Francisco se rehusaba a escribir, y yo, en mi empeño de sacarlo de ese atorón, le dije: "Tienes que aprender a escribir para que gradúes por lo menos de la preparatoria". A lo que de inmediato me contestó: "¡Ay, maestra. Usted sí que sueña!"

"Andale, termina el trabajo porque después de corregirlo, te lo vas a llevar a casa para mostrarlo a tu familia", le dije para animarlo.

Francisco me contó entonces que en su casa a nadie le importaba su estudio. Los papeles que llevaba de la escuela, terminaban en un bote de basura en su casa, así que mejor los hacía bolas y los tiraba en el camino.

¿Sería verdad lo que decía Francisco? Era posible que sus familiares tuvieran interés en su estudio, pero no se lo decían. Posiblemente sus padres no tenían educación escolar y no sabían como ayudarlo. De cualquier manera, me dio tristeza su situación, de que a su edad ya no tuviera ningún interés ni en aprender inglés, y apenas tenía trece años. Definitivamente había mucho trabajo que hacer en las escuelas secundarias y preparatorias. No había vuelta atrás. Tenía que conseguir esa credencial de enseñanza, para ayudar a tanto joven con necesidad de superarse, y ayudarlos por lo menos a terminar la preparatoria. Me dije: "Si los enseño a escribir aunque sea como yo escribo, haré un gran servicio".

Observación y práctica para la credencial

En el Estado de California, se require que los presuntos maestros tengan un Supervisor en la Universidad. Ese supervisor busca "Colocación" o "Placement" en dos escuelas, la secundaria y la preparatoria, si van a enseñar una especialidad a esos niveles. A mi me tocó el Dr. Elliott, quien me mandó a una entrevista a la Escuela Secundaria Cook y a la Escuela Preparatoria Piner, en Santa Rosa.

No hubo mucho que decir en Cook, puesto que la Maestra Fitzpatrick me había recibido en su salón anteriormente para reunir mis requisitos para otras clases. Esta vez se trataba de mi semestre de observación, en preparación para mi servicio de enseñanza por un semestre también.

Lo interesante fue cuando llegué a Piner y la secretaria me presentó con el Director, y él me envió a la entrevista con la Maestra Hanes. Al entrar al cuarto donde se encontraba durante su hora de preparación, vi que era el cuarto de trabajo, porque había máquinas copiadoras y papeles por todas partes.

La Maestra Hanes traía una taza de café, las manos le temblaban y estaba fumando un cigarrillo—en esos tiempos todavía se permitía fumar en las escuelas. Me miró con una sonrisita media burlona y empezó a bombardearme con preguntas como estas: ¿Qué libros de literatura has leído últimamente? ¿De qué autor has leído todas sus obras? ¿Cuál es tu sistema o estilo de enseñar literatura?

De ningún autor había leído todas sus obras, la literatura que había leído era en lo general cuentos cortos en antologías, y al haberme tardado diez años para terminar los requisitos para mi título universitario en Inglés, apenas si recordaba algunos detalles de los diferentes cuentos.

No estaba en la situación del estudiante que lleva varias materias durante un semestre y termina pronto su carrera. Sin embargo, no quería yo sonar negativa, y escogí mis palabras para decir: "No me dediqué a la literatura. Estudié comunicaciones como opción en el Departamento de Inglés, lo que cubre más gramática que literatura".

"Los maestros deben estar preparados para enseñar lo que les pidan que enseñen", dijo la Sra. Hanes, mientras caminábamos hacia su salón de clases. Allí, me dio varios libros de literatura para que los leyera. Dijo que ella iba a ser mi supervisora en su clase académica del grado doceavo.

En aquel tiempo, y me parece que sigue el mismo sistema, las clases estaban divididas en cuatro niveles: 1) Nivel básico, para los estudiantes que no quieren hacer tarea en casa y simplemente van a la escuela porque el gobierno exige que asistan hasta la edad de 18 años. 2) Clases académicas para los estudiantes que tienen metas en la vida y ya saben a que Universidad van a asistir. Para ellos, no hay pregunta de que si quieren asistir, sus familias se lo han estado diciendo desde que nacieron. 3) Clases de honores, para los estudiantes que van muy avanzados y buscan material que les presente un reto. 4) "Advanced Placement" (Colocación avanzada) – Clases para estudiantes que no pierden tiempo en la escuela y sobresalen en varias materias al punto que en su último año de preparatoria, ya están tomando cursos al nivel universitario. Yo iba a observar una clase académica de inglés con la Maestra Hanes.

En el semestre de observación, el practicante debe enseñar cinco clases, ya sea diariamente durante una semana, pues las clases se reunen todos los días, o de vez en cuando, pero el total debe ser de cinco horas.

La Maestra Hanes me pidió que enseñara mis cinco clases basadas en la novela, *One Day in the Life of Ivan Denisovich--Un dia en la vida de Ivan Denisovich* de Alexander Solzhenitsyn.

Leí la obra, la volví a leer y la repasé. Seguí el estilo de enseñar de la maestra Hanes: Escoger palabras difíciles del vocabulario en cada capítulo, pedir a los estudiantes que buscaran el significado de las palabras, escribir oraciones con ellas, y luego leer el capítulo en voz alta, en la clase, con estudiantes voluntarios.

Al terminar cada capítulo, había que hablar en clase acerca de los temas encontrados en cada capítulo. Luego, había que analizar cómo aquellos temas se relacionaban a la vida de uno mismo. Después, daba uno a los estudiantes un cuestionario con preguntas acerca de la lectura pero que provocaran el uso de la capacidad intelectual.

Al terminar cada una de mis lecciones, mi maestra supervisora me daba página tras página de comentarios negativos de todos los errores que, según ella, había yo cometido, incluyendo mi falta de profesionalismo por haberme recargado en uno de los asientos. Yo, queriendo complacerla, hasta trataba de imitar sus movimientos. Ella volteaba un escritorio estudiantil y se sentaba sobre la mesa misma. Yo apenas si me recargué un día, pero ella catalogó la acción como indebida.

Por otro lado, iba a la secundaria Cook y leíamos cuentos, estudiábamos gramática, y la maestra me trataba divinamente. Eso recompensaba por los malos tratos que recibía yo en Piner.

Al haber tomado y aprobado el Examen Nacional para Maestros en Español (hablar, escribir, comprender, conocer la cultura y saber algo de historia), y para que tuviera mejores probabilidades de empleo, mi supervisor me buscó colocamiento en una clase de Español también en Cook. La maestra de inmediato me dejó enseñar la clase todos los días en mi semestre de observación. Debí haber pedido crédito de servicio en vez de observación, por lo menos en esa clase. Quizá me lo hubieran dado, pero como dicen muchos, el hubiera no cuenta.

Mi semestre de observación terminó con una plática con la Maestra Hanes. "Quiero tomarme un semestre para leer los libros que me ha dado usted y volver más preparada para mi semestre de práctica", le dije. "Yo esperaba que empezaras la enseñanz de inmediato, pero si crees que necesitas tiempo para leer, aquí nos vemos cuando estés lista", dijo, deseándome buena suerte, según ella.

Si iba a dedicarme a leer literatura universal, en Inglés, quería dedicarme completamente a esa tarea, así que pedí permiso en Cook para volver un semestre después a esa aula también, así haría mi práctica simultaneamente en ambas escuelas. ¿Qué podían decir mis supervisoras de Cook? Me dijeron que sí, y empecé la ardua tarea de leer, leer y leer. Hasta los domingos dejaba a mi familia para irme al parque, sentarme debajo de un árbol y leer en voz alta. Leyendo en voz alta, me concentraba en la pronunciación, al mismo tiempo que entendía lo que estaba leyendo porque mi mente no se distraía. Tenía que entender el material para poder volver a Piner a enseñar una clase bajo la tutela de la Maestra Hanes.

No soy experta en Inglés, pero soy bilingüe y bicultural.

Otras Barreras Que Romper Para Obtener La Credencial

Muchos Hispanos han dicho: "Nosotros tenemos que comprobar lo que sabemos, una y otra vez". Al mismo tiempo, hay otro dicho que dice: "Cuando una puerta se cierra, otra se abre". Esto es verdad y, con mi propia experiencia, atestiguo y lo relato en seguida.

Unas puertas cerrándose y otras abriéndose

Llegó el tiempo para presentarme a enseñar, que era lo único que me faltaba para llenar los requisitos para la credencial de enseñanza. Faltando ya un día solamente para asistir a la conferencia de la facultad, en preparación para el ciclo escolar, me presenté a Piner. Le expliqué a la secretaria que no había yo recibido ningún aviso y no sabía yo la hora. Ella se limitó a llamar al director, un señor canoso que ni siquiera tuvo la cortesía de invitarme a pasar a su oficina. Allí en la recepción me dijo: "Comunícate con tu supervisor de la Universidad", y me despidió.

¡Ay, caray! Eso me asustó, me dio tristeza y me dio coraje, pero proseguí hacia Cook para hacer la misma pregunta acerca de la reunión general. Al llegar, me encontré con que ese era el día de la reunión, de hecho, los maestros ya se dirigían hacia la cafetería, donde tendría lugar la conferencia. Por suerte, mientras estaba parada en el pasillo, vi que la Maestra Fitzpatrick se acercaba. Al verme, de inmediato se dirigió a mi para decir: "Lo siento mucho. No voy a poder trabajar contigo porque este año no me dieron Inglés, me dieron solamente ciencia, y esa no es tu rama de especialidad". Me dio un abrazo y prosiguió hacia la junta.

En seguida iba pasando la Maestra Ohlemacher, quien trabajaba en conjunto con la Maestra Fitzpatrick y, al reconocerme, se detuvo a saludarme. "¿Qué haces aquí?" Me preguntó. "Estoy esperando a la Maestra Spencer porque este semestre voy a hacer mi práctica con ella", le contesté. "¿Cómo? ¿No sabes? La maestra Spencer no va a volver. A propósito, aquí viene la maestra que va a tomar su lugar. Habla con ella acerca de la clase en Español y, si quieres, puedes hacer tu práctica en Inglés en una de mis clases. Seguimos en comunicación", dijo y se fue a la conferencia.

Algo bueno había sucedido. La maestra Ohlemacher estaba dispuesta a darme la oportunidad de hacer mi práctica en su salón, aunque solamente me conocía porque era muy amiga de la Maestra Fitzpatrick.

Al acercarse la maestra que iba a tomar el lugar de la Maestra Spencer, me presenté, le expliqué que en Cook había hecho mi semestre de observación y que estaba lista para mi semestre de práctica, pero su respuesta inmediata me desconcertó:

"Soy nueva, no sé que voy a enseñar ni cómo voy a hacerlo. Lo último que necesito es alguien de quien preocuparme". Al decir éso, siguió su camino hacia la junta de maestros, sin mostrar tantita compasión por esta pobre alma en sufrimiento. ¿Sería que aquellas personas nunca tuvieron contratiempos ni necesitaron la ayuda de nadie? Con que frialdad trataban a los menos afortunados—a mi en aquel momento. Por los comentarios de la maestra nueva, me di cuenta de su inseguridad y su falta de experiencia. Yo pude haberle ayudado mucho en sus clases de Español y a ella como profesionista, pero no se ocupó ni siquiera de preguntarme mi experiencia en la materia, y me dejó allí parada, como decimos comúnmente, con la palabra en la boca. No exhibió tantita educación social.

Otra vez me sentí sóla, desamparada, y emprendí vuelo hacia la Universidad a buscar a mi supervisor para explicarle lo que me pasaba. Después de estacionarme, corrí hacia Stevenson Hall, y como una Tolteca que subía su piramide todos los días corriendo, con destreza, subí al tercer piso donde se encontraba la Facultad de Educación. (Los Toltecas tienen sus pirámides en Tula, Hidalgo, México.)

Claro, la cola de estudiantes estaba larguísima, y yo tenía que esperar mi turno para hacer una simple pregunta a la secretaria. El Dr. Elliott no estaba en su oficina, y yo sentía una tremenda anciedad de encontrarlo para saber que iba a ser de mi aquel semestre.

Cuando por fin me tocó preguntar donde podía encontrar a mi supervisor, la secretaria me dijo: "Los profesores todavía están de vacaciones. Vuelven el lunes" – y apenas era viernes. Lo que se me ocurrió fue dejarle un mensaje en su contestadora de teléfono. Pasaron lunes y martes, y yo seguía dejando mensajes. Por fin, el miércoles me contestó y lo primero que me dijo fue: "No quiere la Maestra Hanes que regreses a Piner. Ha ido hasta el extremo de llamar a los Departamentos de Inglés y Educación para quejarse de que mandan a estudiantes muy incompetentes para enseñar en las preparatorias".

Aproveché para contarle que la Maestra Ohlemacher estaba dispuesta a aceptarme en Cook Middle School y me contestó que hablaría con ella y con el director para hacer los trámites formalmente.

Al siguiente día, mi supervisor me llamó con esta noticia: "En Santa Rosa High School, la Maestra Turner dijo que los practicantes son más problema que lo que ayudan, pero yo le dije que tú eres madura y que harás buen trabajo. Entonces quiere una entrevista contigo, pero debes reportarte mañana primero con el Asistente al Director."

Cuántos rodeos y cuántas barreras se me presentaban, pero ya estaba llegando a la cúspide de mi carrera, y no iba a darme por vencida. Al contrario, mientras más obstáculos me ponían las personas, aunque me causaban tristeza y dolor, parecía que me daban más fuerzas.

El Asistente al Director me recibió con gran atención y respeto, y él mismo me acompañó y me presentó a la Maestra Turner. Ella salió a mi encuentro y, primero, me dio la mano en un saludo firme y fuerte. Debí haberle caído bien porque, en seguida, hasta un abrazo me dio y allí me quedé un rato a platicar con ella. Me dijo que la clase donde me quería era un Segundo Año de Español y me dio una copia de *Plazas y Paisajes,* el texto que usaría yo para enseñar. Quedamos en que me presentaría el próximo lunes para empezar mi trayectoria de maestra practicante.

Ya tenía una clase de Inglés en Cook y una de Español en la Escuela Preparatoria Santa Rosa, pero el requisito era enseñar tres clases durante la práctica, sin importar la combinación, dos en la secundaria y una en la preparatoria o vice versa. Entonces, me di valor para visitar al Maestro Larsen, quien enseñaba Primer Año de Español, en el salón siguiente al de la Maestra Turner. El me hizo unas cuantas preguntas, y luego me dio la bienvenida, y ya tenía yo las tres clases necesarias.

Mis maestros supervisores eran pacientes conmigo, pues a pesar de que había estudiado secretariado, desde que llegué de México no había tomado una clase de Español, y mi correspondencia a México se limitaba a mandar cartas a mis abuelitos. Entonces, cuando hacía yo algunos errores de ortografía, mis supervisores me corregían y me enseñaban técnicas de la enseñanza. Algunas veces me dejaban sola en el salón, mientras ellos se preparaban para sus otras clases.

Un buen susto

Como decía, los maestros supervisores me dejaban sola en el salón de clase y, aquel día, la supervisora de Cook se salió durante todos los 55 minutos. Al sonar el timbre, anunciando el final del periodo de clase, los estudiantes salieron, y dos muchachas, que iban detrás de todos los demás, cerraron la puerta, le pusieron el pasador, y se regresaron hacia mi, una de cada lado del salón de clase. Una empezó a decir: "¿Se ha dado cuenta cómo a nosotras nos llama la atención constantemente?" Yo simplemente me las quedé viendo, queriendo figurar sus intenciones y qué acción tomar al verme acorralada. Ni siquiera sabía yo de qué hablaban, pues yo simplemente hacía el trabajo lo mejor que podia porque de eso dependía que me dieran la carta de recomendación que necesitaba para recibir la credencial de enseñanza. En fin, no sé si la misma muchacha o la otra dijo:

"Y el otro día…" pero no terminó de decir lo que quería porque en ese momento, se oyó que alguien abría la puerta. Era la supervisora que abría la puerta con su llave y entró. Al ver a las muchachas allí, cerca del escritorio, les preguntó: "¿Qué pasa?" Ellas dijeron que querían hablar conmigo, pero que volverían otro día.

¿Por qué sentí tanto miedo al verme acorralada por aquellas muchachitas del grado séptimo? Porque en la Universidad había un cuarto de conferencias llamado "Sue Jameson Room" y, cuando pregunté quien era ella, me contestaron que era una maestra que se había graduado de allí, Sonoma State, y que la habían matado en su salón de clase en su primer año de enseñanza. Por eso cuando miré a las dos muchachas ir hacia mi, pensé que querían atacarme. Gracias a Dios, no ocurrió nada. Al contrario, al terminar mi semestre de servicio, la Maestra Ohlemacher escribió en la evaluación: "Yolanda nació para ser maestra. Yo sabía que iba a hacer buen trabajo". Siempre estaré agradecida con ella y recientemente se lo dije.

Los Maestros Turner y Larsen me dieron evaluaciones parecidas a las de la Maestra Ohlemacher. Terminé mi semestre de práctica con recomendaciones para recibir la credencial de enseñanza a nivel secundaria, preparatoria y, además, podia enseñar clases para adultos.

Falta de huellas digitales

Habiendo recibido mis recomendaciones, me dispuse a llenar la solicitud para la credencial de enseñanza en el Estado de California. Entre los requisitos a llenar estaba una tarjeta para las huellas digitales y me encaminé al Departamento de Seguridad de la Universidad, donde todavía trabajaba. Con gusto me tomaron las huellas y mandé todo lo necesario a Sacramento, Capital de California.

Pocos días después, recibí la tarjeta de huellas con otra tarjeta en blanco y una carta que me decía que las huellas no estaban claras y, por lo tanto, no eran aceptables. Debía yo pedir que me las tomaran de nuevo. Esta vez fui con el Departamento de Sheriff y tan pronto como pude, mandé la segunda tarjeta a Sacramento. Pronto la recibí otra vez, con la misma explicación que la anterior y las mismas instrucciones.

La tercera vez fui con el Departamento de Policía de Santa Rosa, pero las huellas que ellos me tomaron, tampoco fueron aceptables. No sabiendo a donde más recurrir y cansada de tanto problema, usé mis habilidades de escritora. En una carta al Departamento Estatal de Educación, dije:

"Ya fui con el Departamento de Seguridad en la Universidad Estatal Sonoma, con el Departamento de Alguacil del Condado, con el Departamento de Policía de la Ciudad de Santa Rosa, y si en nadie de ellos confían, no sé que más hacer".

Proseguí así en la carta: "Soy una mujer bajita, tengo las manos pequeñas y, aparte de eso, toco la guitarra y hago muchos proyectos manuales. Tengo los dedos lizos, por lo tanto, mis huellas digitales no son visibles. Es decir, no tengo huellas digitales". Con esta explicación, aceptaron la tarjeta. La habilidad de escribir me ayudó muchísimo.

Examen de Educación Básica – Otro dolor de cabeza

El examen de educación básica se dividía en dos secciones: Lenguaje y matemáticas. En lenguaje había yo progresado, pero en matemáticas sudaba al tomar el examen. Para acabar de desanimarme, un estudiante de ciencias que yo conocía, al salir del examen me dijo: "El examen estuvo ridículamente fácil". Yo estaba que derramaba lágrimas, y no necesitaba escuchar comentarios así, pero él no sabía mi situación.

Al recibir los resultados de mi examen, tenía 97 puntos de 100 en composición, pero había reprobado la sección de matemáticas. Entonces, tenía que llenar la solicitud para volverlo a tomar, mandar la cuota necesaria y estar lista para la próxima vez. Y, ¿cómo iba a prepararme? Simplemente tratando de recordar los problemas y buscar en los libros las fórmulas para resolverlos.

Cuando me reporté al lugar del examen la siguiente vez, adivinen quien estaba allí, formado en la cola para volver a tomar la prueba. Sí, adivinaron bien—el estudiante de ciencia para quien había sido ridículamente fácil el examen anterior. Alguien le preguntó que hacía allí, y él contestó que no había pasado la sección de composición la vez anterior. Detalles de la vida.

La segunda vez, sí pasé la sección de matemáticas, como decimos en México, "a panzazo", pero lo pasé. Después de todo, yo iba a enseñar Artes Linguísticas en Inglés y en Español.

Examen para la Credencial de Educación Bilingüe, Bicultural

Damas y caballeros, yo ya tenía credencial para enseñar Inglés y también Español, pero no me consideraban bilingüe hasta que pasara otro examen que me dio más dolores de estómago que los anteriores. El examen consistía de estas secciones: Composición en Inglés y en Español, comprensión en ambos idiomas, cultura Hispana y conocimientos de la adquisición de una segunda lengua.

Cuando tomé el examen de cultura Hispana, había una pregunta que decía: Si entras a la casa de una familia Mexicana, ¿qué es lo más probable que encuentres? A la pregunta seguían cuatro posibles respuestas, una de ellas era: Un altar a la Virgen de Guadalupe. Claro que marqué esa como la correcta, porque: "El mexicano ha aprendido desde el seno materno a ser religioso y, particularmente, muy guadalupano"(6).

En aquel examen para calificarme como bilingüe, pasé la mayoría de secciones, excepto la de "Adquisición de un Segundo Idioma", y no lo pasaba por mi actitud negativa. Me decía yo: ¿Qué importa lo que piensen aquellos que hacen estudio tras estudio con los niños que han venido de otros países y están aprendiendo Inglés? Yo lo aprendí y tengo la experiencia propia, pero las preguntas en el examen no se referían a cómo lo había aprendido yo, sino que se referían a las conclusiones de Jim Cummins, Stephen Krashen y otros.

Un día, recibí una carta avisándome que iban a cambiar el examen totalmente, y que si no pasaba la sección que me faltaba, tenía que volver a tomar todas las secciones. Con esa advertencia, cada noche me pasaba por lo menos una hora repasando los materiales que me habían dado en las clases de la Universidad. Tuve que cambiar de actitud, y así sí lo aprobé. Como dice Rhonda Byrne, en su libro, *El Secreto*, "Cuando te sientes bien, tienes la fuerza de atraer hacia ti cosas buenas" (7).

Algunos somos buenos para una cosa y otros para otra.

Maestra Interina

Como en toda profesión, al principiar tiene uno que aceptar trabajos temporarios para irse abriendo el paso, y así lo hice.

Primer empleo en la enseñanza

Hasta entonces había estado trabajando todavía en mi puesto de Secretaria Administrativa en la Universidad, pasando de tiempo completo a tiempo parcial y luego a tiempo completo otra vez durante las vacaciones de la escuela, pero mi jefe, el Dr. Farish, por fin se cansó y me dijo: "No podemos seguir así. No tenemos continuidad en una persona con quien podamos contar. Escoge si te quedas a trabajar tiempo completo, o te vas definitivamente". !Caray! Me estaban corriendo.

Por suerte, encontré trabajo inmediatamente después de recibir mis credenciales, pero adivinen donde: En la Escuela Preparatoria Piner. Me asignaron clases de Inglés Como Segunda Lengua y Primer y Segundo Años de Español.

La jefa del Departamento de Idiomas Extranjeros era muy calmada y lista para guiarme, pero ahora adivinen bajo la supervisión de quién me tocó en Inglés Como Segunda Lengua (ICSL). Sí, la Sra. Hanes otra vez, la que no me quiso en su escuela, la que me catalogó de inepta y la que me negó una recomendación. ¡Ay!

No necesito entrar en detalles. Si han leído hasta aquí, ya se imaginarán los tratos que me dio como su empleada. Lo bueno fue que ella era mi supervisora de tiempo parcial, pero aún así aprovechaba cada oportunidad para reclamarme algo. Por ejemplo, en Primer Año de Español estábamos estudiando un capítulo relacionado a la comida y restaurantes. Entonces una amiga mía que de vez en cuando era voluntaria, sugirió que practicáramos con cosas verdaderas y ella misma llevó platos, tenedores, servilletas, pan, fruta, y una ensalada. De inmediato mi supervisora me dijo: "En las aulas, tenemos prohibido tener fiestas". Yo le contesté calmadamente: "No es fiesta. Estamos practicando el vocabulario de una lección".

Aquel empleo temporario había empezado en enero; el maestro regular estaba enfermo. Ahora, además de tener una supervisora ruda, una clase se portó muy mal. Algunos estudiantes hablaban cuando yo estaba instruyendo, no me obedecían y uno de ellos dijo: "Ya llevamos tres substitutos, y el último se fue llorando". Yo lo miré y le sonreí, pero dentro de mi pensé: "Yo también voy a llorar (porque de todo lloro), pero no en frente de ustedes y vaya que me van a obedecer". Empecé a mandar a la oficina a los que no seguían los reglamentos, y pronto me gané el respeto de todos. Trabajamos muy bien el resto del semestre. En otra clase, tenía a Mayté, mi sobrina, y a otros jóvenes muy amables.

¿⁑⁑⁑⁑⁑⁑⁑⁑⁑⁑⁑?

Aprendizaje-Un Proceso Constante

La ironía de no querer ir a la escuela en Chicavasco cuando ya tenía ocho años y cuando llegué a California es que una vez que empecé a asistir, seguí y seguí estudiando, hasta el punto que un familiar hizo este comentario: "Tú ya eres estudiante profesional". No dejé que el comentario me molestara porque avanzar en el estudio me llenaba de satisfacción. Seguí trabajando y estudiando.

La maestría

Claro que en mi trabajo de Maestra, tenía contacto con personas en Santa Rosa Junior College y en la Universidad Estatal Sonoma. Fue, de echo, el Director de Admisiones de la Universidad, el Sr. Gustavo Flores, quien un día me preguntó: "¿Cuántos años lleva tomando clases?" "Muchos. Desde hace años tomo clases durante los veranos", le contesté. "Ya debería de tener una maestría. ¿Cómo escoge sus clases?" Preguntó otra vez. "Veo el catálogo y escojo algo interesante. He tomado clases de escritura, psicología y otras", le expliqué.

Así seguimos platicando y me dijo que llenara la solicitud para admisión a un programa de maestría. Como esa semana se cerraba la etapa de solicitudes para el siguiente semestre, Dios me bendijo con tener a otra amiga en la Universidad, y la tarde antes del día final de solicitudes, Margaret Lee me trajo a la casa la solicitud.

Pronto me admitieron al programa de Maestría en Liderazgo Educacional, y en todo me iba bien y tenía A de calificación, pero al llegar a la clase de Estadísticas, vi las cosas muy difíciles. Me dije: "Si no la paso esta vez, la vuelvo a tomar, y si tampoco la paso la segunda vez, entonces ya me olvido de seguir". Era la última clase que me faltaba para llenar todos los requisitos, y por suerte me saqué una C (equivalente a un 7) de calificación y como en los demás cursos tenía As (A = 10), mi promedio general permitió que pudiera continuar con la tesis.

La tesis, escrita y aprobada

Hay una clase especial donde el catedrático va guiando a los estudiantes en el proceso de escribir una tesis, empezando con el tema. ¿De qué se va a tratar? Nuestro guía sugirió que escribiéramos un "Proyecto" que se pudiera poner en práctica en nuestro lugar de empleo. Yo había visto la necesidad de preparar oficinistas bilingües y mis compañeros de clase me apoyaron en la idea.

El siguiente paso era buscar un comité de tres personas con doctorado o por lo menos maestría para guiarme durante el desarrollo de mi proyecto. Eso fue para mi algo difícil. Los catedráticos están demasiado ocupados, y si el estudiante no tiene la facilidad de redactar sus descubrimientos en los estudios que otros escritores han hecho acerca del tema, nadie quiere revisar una y otra vez el material.

Fui a visitar a un catedrático que me habían recomendado y me dijo que no podía ayudarme. Me armé de valor y le dije: "Soy buena escritora". El Dr. Tom Cook, al oirme hablar con certeza, aceptó ser el encargado de mi comité. El mismo me recomendó a la Profesora Sally Hurtado, con quien él había trabajado varias veces. Por suerte también ella aceptó.

Le pedí al Sub-director de mi escuela que fuera el tercer miembro de mi comité y dijo que sí, mas no me dijo cuando iba a revisar mi material. Pasaron dos meses sin que por lo menos me dijera que no podia o no quería ayudarme. Por fin me cansé de esperar y su misma secretaria me sugirió que buscara al Dr. Thomas Villalovoz, un Consejero de la escuela que recientemente se había jubilado. El Dr. Villalovoz aceptó mi invitación y fue el tercer miembro del comité para mi proyecto titulado, "Creando una Carrera vocacional para oficinistas bilingües, Español-Inglés".

Mis estudios de oficinista en Pachuca, en la Preparatoria El Molino y en Santa Rosa Junior College me ayudaron inmensamente al escribir una variedad de documentos en Español y en Inglés como parte del proyecto-tesis. En enero del año 2000 presenté públicamente mi Proyecto-Tesis, como lo requería la Universidad. Estuvieron los miembros de mi comité de asesores; mis amigos, quienes me habían animado a seguir esa carrera; mis compañeros de trabajo en años anteriores, de la División de Ciencias Naturales de la misma Universidad y mi consejero profesional. Mi Tesis-Proyecto se encuentra en la Biblioteca de la Universidad Estatal Sonoma, y me sirvió mucho cuando mi escuela decidió agregar a su curriculum la Carrera de Traductores Bilingües, que yo enseñé hasta que me jubilé. Aparentemente, también ha servido como guía porque, de acuerdo a los sellos que tiene, varias personas han sacado el libro de la biblioteca para repasarlo.

Graduación con Maestría en Liderazgo Educacional

En junio del año 2000, recibí mi "Master of Arts in School Leadership"—Maestría en Liderazgo Educacional. Estuve en la ceremonia con los otros graduados, con vestimenta negra, pero los que recibíamos maestría en educación, llevábamos un adorno, como cuello largo colgando hacia atrás, con franja de color azul claro, que nos identificaba como educadores.

Misa de Acción de gracias

Al estilo Mexicano, para dar gracias por tal acontecimiento, pedí una Misa en la Parroquia de la Resurrección, a la que asistieron como 200 personas: Mi familia, amigos, comité, catedráticos de la Universidad Estatal Sonoma, y mis compañeros de Santa Rosa High School, maestros y otros empleados.

Actúa con certeza y ganarás confianza y respeto.

Maestra Permanente

Tengo tantos recuerdos de mi experiencia como maestra que tuve que escribir un libro dedicado a ese tema. Se titula: *Classroom 101,* con la imprenta AuthorHouse. Aquí, voy a relatar algunos casos que no aparecen en aquel libro.

Volver a Santa Rosa High School fue como volver a casa

Afortunadamente para mi, la Sra. Turner, la supervisora durante mi entrenamiento, pidió cambio a la Escuela Preparatoria Montgomery y se lo dieron, dejando vacante su posición en la Escuela Preparatoria Santa Rosa. Solicité el trabajo y me aceptaron. Fue una maravilla porque ya sabía yo quien era quien, donde se econtraban las cosas y conocía los materiales.

No faltó quien se quejara de por qué a mí, siendo nueva en la profesión, me habían dado el puesto, mientras que a otra solicitante ya con tiempo en el distrito escolar, queriendo cambio de escuela, no se lo habían dado. Tal persona exigió que me pidieran la credencial porque, según ella, yo no estaba titulada. Entonces, el Director de Recursos Humanos me pidió que llevara mis documentos para sacarles copias y mostrarlos a quienes quisieran revisarlos. A mi, creo que hasta gusto me dio de que alguien quisiera verlos. Estaba tan contenta de tenerlos después de haber pasado tantos trabajos y tantos años de estudio para conseguirlos.

Cursos que enseñé

Aquí tengo el orgullo de mencionar que gracias a los maltratos de la Maestra Hanes, también aprendí a enseñar Literatura en Inglés. Además, esas mismas técnicas las usé más tarde cuando enseñé cursos de Español para Hispanos y estuve a cargo del Programa de Traductores en Santa Rosa High School. Allí mismo pasé 21 años enseñando una variedad de cursos: ICSL, Inglés Académico del grado 9, Inglés Regular para el Grado 12, Español para Hispanohablantes I y II, Español Como Segunda Lengua 1, 2, 3, 4 y Español de Honores mas Técnicas del Aprendizaje.

Cuando empecé a trabajar permanentemente, me asignaron cinco preparaciones, para cinco clases al día, cinco libros diferentes y pensé que no iba a poder con el paquete. En cambio, Mary Jo era una compañera muy competente, a quien solamente le habían dado Segundo Año de Español todo el día. Decidí hablar con el Subdirector de que no solamente era injusto para mi, pero yo quería compartir con mi compañera la alegría de enseñar una variedad de cursos.

La respuesta fue: "¿Te acuerdas cuando en los viejos tiempos había diferentes niveles en una sóla aula?" Siendo nueva yo, no me atreví a contradecir al administrador, aunque me pareció muy pobre su trabajo y su respuesta. Así pasé como 15 años, hasta que yo misma combinaba actividades iguales en mis diferentes clases para no tener que hacer tanta preparación y no matarme tanto.

A las clases agregábamos los clubes de estudiantes que teníamos que supervisar y me tocaba trabajar con aproximadamente 180 estudiantes diariamente. Después, empezamos el grupo Hispano de Padres con quienes trabajé también, pero ellos se reunían solamente una vez al mes por la noche.

Como si mi carga hubiera sido leve, me pedían traducir para la revista de la escuela, "The Panther Purr", y yo quería ser super-mujer y hacía todo con alegría, pero me cansaba demasiado.

En seguida doy ejemplos de algunas actividades que hacía en "mi escuela":

Piñatas en Navidad

Unos días antes de la Navidad, hacíamos piñatas. Comprar el material era costoso. La escuela solamente me daba $35 dólares al año para cada clase, pero la estación del año se prestaba para la creatividad, y valía la pena el gasto adicional al ver a la juventud feliz, trabajando diligentemente en sus proyectos.

Como íbamos terminando las piñatas, las íbamos colgando en el salón de clase, y los estudiantes estaban tan orgullosos de sus creaciones que, a veces, hasta invitaban a sus compañeros de otras clases a pasar a verlas. Al irse de vacaciones en Navidad, se las llevaban a casa para que toda la familia las disfrutara. Yo creo firmemente que el estudiante que aprecia su cultura, se aprecia mejor así mismo y hace mejor trabajo. Roberto Fisher dice en su libro, *El Caballero de la Armadura Oxidada*, "El conocimiento de uno mismo es la verdad, y la verdad es poderosa" (8). Así fue que los Hispanos practicaban su cultura y los Norteamericanos aprendían acerca de ella.

Fractura del pie por el Jarabe

No, no fue una bebida alcohólica la que causó que me quebrara un pie. Estaba en vacaciones de primavera cuando se me ocurrió practicar El Jarabe Tapatío para enseñarlo a los estudiantes cuando volviéramos a clases. Me daba la vuelta girando sobre un pie como me habían enseñado los maestros en Chicavasco. Practiqué un buen rato, y como se me dificultaba girar sobre el pie izquierdo, me concentré en usar el derecho.

Después de un rato, empecé a sentir dolor en la planta del pie. "Es que no hago suficiente ejercicio físico, y tiene tanto tiempo que no practico este bailable", me dije, y seguí practicando. Por la tarde, no aguantaba el dolor y no fui al médico porque mi esposo y yo habíamos quedado de llevar a nuestros hijos a San Francisco al día siguiente y ya presentía lo que me iba a decir el médico.

El día siguiente, nos fuimos a San Francisco. Juan y los niños entraban a los almacenes a mirar o a las panaderías de pan Mexicano a comprar. Yo me quedaba en la camioneta o me sentaba en la orilla de la banqueta a esperarlos. Sentía mucho dolor.

Lo primero que hice al día siguiente fue ir con una podiatra, y todavía le dije: "Me duele mucho, pero creo que todo es psicológico". Me revisó y me tomó Rayos-X. Cuando volvió con los resultados se rió de mi y me dijo: "No, no es producto de tu imaginación. No te quebraste el hueso—te lo moliste". Si me dijo como se llama el hueso que me molí, no recuerdo el nombre, pero es el que está en seguida del dedo grande del pie, por medio del cual gira uno al dar la vuelta.

Prosiguió la Dra. Laurel a enyesarme el pie y, las siguientes seis semanas, a duras penas anduve manejando al trabajo y caminando por toda partes. Seguí con mis actividades, pero hasta para bañarme se me dificultaba porque no debía mojarme el yeso que traía desde la rodilla hasta la punta del pie. Por supuesto, ese ciclo escolar, no aprendieron mis estudiantes a bailar El Jarabe Tapatío. Años después, volví a intentar y, sin abusar de mis piesitos, les enseñé El Jarabe. Cuando unos estudiantes lo aprendían, ellos mismos lo enseñaban a otros. Es decir, usaba mis recursos.

Morenos y güeritos de la mano

Tuve la bendición de enseñar Español a los jóvenes Norteamericanos e Inglés a los Hispanos, y cuando se trataba de practicar bailes típicos Mexicanos, la mayoría de Anglos querían aprender y bailaban con mucho entusiasmo. Pocos estudiantes Mexicanos también se lucían, pero la mayoría tenía vergüenza de bailar.

Hubo ocasiones que tuvimos festivales para el 15 de septiembre y el 5 de mayo con mucho éxito porque la mayoría de los 1200 estudiantes de la escuela, asistía a ver a sus compañeros bailar. En algunas ocasiones, bailaban los güeritos con los morenitos juntos, de la mano y, para mi, era conmovedora la escena.

Dejaba a toda la clase si un alumno necesitaba atención

Geraldo había llegado recientemente a mi clase, pero constantemente molestaba hablando fuera de turno, no hacía su trabajo, y cuando me cansó le dije:

"Si sigues interrumpiendo mi clase, yo, personalmente te acompaño a la oficina para que te ponga tu consejero en una clase donde respetes al maestro y aprendas algo". En voz baja dijo algo que no alcancé a oir. De inmediato, le dije: "Recoge tus cosas y sígueme". Siempre tenía mis planes para cada clase en el pizarrón del lado, así que le dije a la clase que continuara trabajando mientras yo volvía.

Luego, al salir de la clase, le pregunté a Geraldo: "¿Por qué estás enojado?" Me respondió: "No estoy enojado". "Entonces, ¿por qué no me respetas?" Hubo silencio. "¿Vives con tus papás?" Le pregunté. ¡Bingo! Había yo pronunciado la pregunta mágica. Geraldo empezó a llorar.

Los planes cambiaron. En vez de llevar a Geraldo a la oficina, nos salimos del edificio y nos sentamos en una banca de cemento a platicar.

Allá afuera, Geraldo me platicó que se había venido de Los Angeles a Santa Rosa con su mamá. Sus padres se estaban divorciando. Estaban viviendo en la casa de un tío. No quería que se separaran sus papás, no estaba cómodo viviendo en la casa de su tío con tanta familia y no podia concentrarse en su educación con tantos problemas que traía en la mente.

¡Ay, ay, ay! Voy a parafrasear lo que le dije: No te preocupes mucho por tus papás. A veces, cuando una pareja no se lleva bien, es mejor que se separe, pero recuerda que aunque no estén juntos, los dos te siguen queriendo. Después de un corto silencio, le pregunté, "¿Verdad?" El asintió moviendo la cabeza.

Lagrimeando, el me escuchaba, y yo seguí: No desperdicies tu tiempo en la escuela porque en siete años (siempre usaba el número siete en mis comentarios), no vas a estar con tus padres, tus amigos van a tener su propia vida en Los Angeles o aquí, y vas a estar tú solo, valiéndote de ti mismo, y si no tienes educación, va a ser muy difícil tu vida. Luego, un consejo que usé muchas veces con la juventud, se lo pasé a él también: Aprende de los errores de los adultos para que cuando tú tengas a tu propia familia, no hagas lo mismo.

La clase estaba por terminar y, también, el día escolar. Geraldo se secaba las lágrimas cuando allí lo dejé, mientras me fui a despedir al resto de la clase.

Geraldo se volvió un joven estudioso y respetuoso. Aquel incidente me enseñó que, muchas veces, los jóvenes se vuelven traviesos porque así reciben la atención que necesitan. Si simplemente los suspendemos de las clases, no mejoran su educación ni su futuro. Por suerte, las cosas para Geraldo mejoraron, por lo menos para si mismo.

¿Riesgos o decisiones equivocadas?

Aquel día en la escuela, estaba cerrando la puerta para principiar nuestras labores cuando por el pasillo corría un joven hacia mi. "¡Ayúdeme!" me dijo. "Alguien me viene persiguiendo".

Lo dejé entrar y cerré la puerta. Luego le dije: "Voy a llamar a Seguridad, pero tienes que decir la verdad de lo que está sucediendo, quién te viene persiguiendo y por qué. Tienes que contestar con la verdad a todas las preguntas que te hagan". El joven dijo que sí a mis recomendaciones, y la Agente de Seguridad no tardó en llegar y se lo llevó. Más tarde, volvió la Agente y me dijo: "Del problema de esta mañana, el joven al que estabas protegiendo era el que traía una daga. El que lo venía persiguiendo no traía nada". ¿Me sentí culpable de haberlo protegido en el salón? No, porque hice lo que pensé que era correcto en el momento que alguien pedía auxilio. Además, si no lo hubiera recibido, quizá habría tenido un pleito y, él con la daga, pudo haber herido seriamente al otro joven. Quiero pensar que hice lo correcto, especialmente porque no hubo ni pleitos ni heridos.

Proyectos para el Programa Migrante

Llegó un día a la escuela el Sr. David Lozano, Director del Programa Migrante en nuestra región. Dijo que quería hacer unos programas cortos, como dramas o comedias representando casos de la familia, en relación a la comunicación entre padres e hijos. Para eso, necesitaba la ayuda de mis estudiantes, pero solamente se oirían las voces porque iban a transmitir dichos programas en la Radiodifusora Bilingüe KBBF.

No nos tuvieron que decir dos veces. Los proyectos se prestaban para que los estudiantes pusieran en práctica su creatividad, escribiendo y presentando los programas. Los jóvenes saben muy bien que temas hay que cubrir para que los miembros de una familia mejoren en su comunicación.

Por coincidencia, esos días anunciaron la presencia del Centro Comunitario de Comunicaciones, Canal Local de Television, localizado en los terrenos de nuestra misma escuela. Allí nos enseñaron el uso de equipo de grabación, y no solamente grabamos las voces para la radio, sino que también actuaron los estudiantes sus dramas, que grabaron en videos y luego los transmitieron en la televisión.

Empecé a llevar a todas mis clases, al Centro una vez al mes, y aprendieron los estudiantes a ser escritores de guiones, directores generales, técnicos de sonido, directores de escena y actores.

Un día, me encontré en el Mercado con Tanya, una de mis estudiantes y me dijo: "Quiero que sepa que por habernos llevado al Centro de Comunicaciones descubrí que éso era lo que quería hacer como profesión. En la universidad me concentré en Comunicaciones. ¡Gracias!" Y esta fue, como dicen, otra pluma para mi sombrero—en mi caso, otra manzana para mi cubeta.

Participación en concursos de composición

Algunas veces animé a los estudiantes a participar en concursos de escritura, acerca de temas específicos. En Español no ganamos premios, simplemente certificados de participación, pero en Inglés, una vez recibimos los tres primeros lugares. El tema era, "Patriotismo", y se lucieron tres muchachas.

Claro, estas actividades adicionales implicaban tiempo adicional por tener que asistir a las presentaciones. Sin embargo, volvía a casa llena de alegría por nuestros pequeños éxitos, lista para esperar la siguiente invitación a participar.

Clubes Estudiantiles

El Club MAYO (Mexican-American Youth Organization), como su nombre lo indica, era de Mexicanos y se dedicaba, en particular, a recaudar fondos para las becas. A fines del año escolar, distribuíamos el dinero entre aquellos que graduaban de la preparatoria.

El Club Español era de estudiantes que estaban aprendiendo Español, y este grupo se dedicaba a las actividades culturales, como hacer un intercambio de cartas en Español con estudiantes de otras preparatorias en Santa Rosa. Una actividad que quedó muy grabada en mi mente fue la vez que, al terminar el ciclo escolar, nos reunimos maestros y estudiantes a cenar. Los estudiantes conocieron a las personas con quienes se habían comunicado todo el año. ¡Fue una maravilla!

La Federación Estudiantil de California era de aquellos estudiantes distinguidos por su promedio general muy alto. Eran los que graduaban con el cordón dorado que simboliza "distinción". Nuestras reuniones consistían en recibir y revisar sus boletas de calificación y llevar un recuento de sus puntos. Esto era demasiado importante para ellos porque así los recibían fácilmente en las universidades.

Score for College era un programa para estudiantes "de color", cuya membresía era por recomendación de los maestros y los consejeros. Eran aquellos con escasos recursos económicos pero con la capacidad de seguir estudiando después de la preparatoria.

Cuando se implementó el programa en nuestra preparatoria, los administradores dijeron que yo era la más apropiada para enseñar técnicas del aprendizaje, así que me mandaron a Los Angeles a capacitación. Tuve las clases de los escogidos como 15 años, pero como no se repetía el curso, los que iban saliendo formaban el Club, y nos reuníamos dos veces al mes para hacer actividades o escuchar a oradores hablar acerca de sus profesiones. También los llevaba yo a visitar universidades para que empezaran a ver como vivían los universitarios.

La carga de mi profesión era muy pesada. A eso agregamos que no reconocía yo mis límites de enseñar, sino que me extendía hacia otras ramas, como cuidar de la asistencia constante de mis estudiantes. Con todo eso, me enfermé de nervios y mi consejero profesional, el Sr. Daniel Villalva, me dijo: "Váyase antes de que se la acaben". Mi esposo me dijo: "Con lo que me dan de pensión y lo que te den, vamos a tener suficiente para vivir". La buena salud debe ser una prioridad.

¿Qué hacen ahora algunos de los estudiantes?

La mayoría de estudiantes y yo establecimos una amistad muy sincera y estrecha que todavía seguimos en comunicación, algunos en Facebook, algunos en actividades de la iglesia, como comités donde servimos como traductores o simplemente me mandan una tarjetas para saludarme. De ninguna manera me doy crédito de su éxito, simplemente me siento orgullosa de haber tenido la bendición de trabajar con ellos. Lo que he notado es que cada que veo a alguien de ellos, después del saludo, se aseguran de decirme que estudiaron, que siguen estudiando o me cuentan en qué están trabajando. Aquí están unos ejemplos:

*Me encontré en el elevador de un hospital con Gloria y brevemente me platicó que abrió un asilo para cuidar a personas de la tercera edad.

*Otro día me encontré con Num y me contó que era ingeniero en computación y estaba trabajando en el extranjero.

*Angelita es Maestra en Sacramento. Siempre manda pensamientos filosóficos.

*María trabaja en una vinetería.

*Robie es un Catedrático de Historia de Latinoamérica en la Universidad Estatal de Colorado. Ya leí su libro, *Panaderos y Vascuences*, relacionado a la historia de México, en la época de la conquista.

*Miriam es entrenadora de mejoramiento personal, por medio de la psicología, metafísica y materias relacionadas. Me manda consejos en Facebook.

*Susana trabaja en programas de salud mental.

*El Profe Luis, quien fue mi estudiante practicante, me invitó a hablar a su clase en la Escuela Preparatoria de Geyserville, donde ahora trabaja.

*Hubo algunos estudiantes que no tomaron clases conmigo; sin embargo, nos conocimos porque hacían actividades en mi escuela, por medio de MEChA (Movimiento Estudiantil Chicano de Aztlán) o el Programa Puente de S.R.J.C. Seguimos en comunicación. Por ejemplo, Claudia es enfermera y canta conmigo en el coro de la iglesia. Omar y Lety son líderes de la comunidad y cada uno está a cargo de un grupo de Danza Azteca. Gerardo tiene la academia de artes marciales, Cali Kicks, y hemos trabajado Los Rítmicos con él y su familia para recaudar fondos a beneficio de niños y jóvenes de bajos ingresos. ¡Cuánto talento Hispano!

*Davin, un estudiante de la Universidad Estatal Sonoma, visitaba mis clases para enseñar a mis estudiantes a ser líderes. Ahora tengo el honor de tener su evaluación de este libro en la portada de atrás.

*Rob Cervantes es uno de los mejores D.Js. en esta area. Es líder en la comunidad Latina y un gran amigo de mis hijos.

*Carlos es músico y otro D.J. en esta región. Dedica mucho de su tiempo a su niño.

*Doris ha sido voluntaria en la Escuela Primaria Steele Lane en Santa Rosa, ayudando a los niños que no entienden bien el Inglés todavía. Piensa resumir sus estudios cuando su niño esté más grandecito.

*Serafín vive cerca de mi casa, y a veces platicamos de la familia, de nuestros pueblos, de la cultura y de su trabajo. Trabaja en Programas de Acción Comunitaria, donde trabajé por primera vez como oficinista. El mundo rueda, y al dar vuelta, volvemos al punto original, a veces por medio de aquellos con quienes convivimos.

*Verónica es Enfermera. Me invitó a su graduación el año pasado, y en su fiesta vi a varios de sus compañeros, incluyendo a Armando, su esposo, quien fue una estrella en la lucha libre durante su estancia en mi escuela.

*En la fiesta de Verónica vi a David, quien me dijo: "Si no hubiera sido por usted, no habría aprendido a escribir en Español".

El comentario de David me conmovió y me recordó lo que dijo aquel señor cuando murió mi abuelita Aurora: "Si no hubiera sido por ella, no habría aprendido a leer y escribir"—lo que me inspiró a seguir la carrera de educadora y, claro, al oir a David supe, una vez más, que había escogido la mejor profesión del mundo. Además, tengo suerte de escuchar palabras conmovedoras mientras estoy viva. Sigo cosechando los frutos de mi labor.

Hay muchas cosas que escribir acerca de la profesión que trajo a mi vida alegría, juventud y satisfacción. Hay muchas cosas que escribir acerca de los estudiantes, pero cierro el capítulo con el siguiente poema:

"Mi graduación de la enseñanza"

A mi Dios siempre voy a agradecer
los años que pasé en la educación.
En verdad, nada mejor pudo haber
que esta profesión de gran satisfacción.

Hablamos de estudiar para un futuro mejor;
y que para cada uno, la escuela era su labor.
Hablamos de disciplina y del buen comportamiento
para que siempre en la vida caminemos con ascierto.

Cuentos y más cuentos cada día leímos:
De heroes, creencias y hasta de un lebrel.
También incontables cuentos escribimos;
de ser tan creativos, se acababa el papel.

Estando contentos, con ellos canté.
Al saber de sus triunfos, me regocijé.
Si hubo lágrimas en ellos, con ellos lloré,
y de algunos descuidos también me enojé.

¡Oh, cuántas cosas ellos me enseñaron!
Y cuántos recuerdos que en mi se grabaron:
De cultura, tradición, ensueños y metas
de gente ordinaria y de grandes atletas.

Me alejo dejando mi aula querida,
Voy a comenzar otra etapa en mi vida.
Conmigo me llevo aquellos valores
de los que al estudio le rinden honores.

* * *

Jubilación temprana

La pregunta es: Si me gustaba tanto trabajar en la educación, ¿por qué me jubilé a los 59 años? No solamente me daban muchas preparaciones, sino que también tenía muchas actividades y, como dicen en Inglés, "I burned myself out" – Me quemé.

+ + + + +

La Familia

Mi propia familia

Mi esposo se llama Juan, trabajó fabricando máquinas para una variedad de productos alimenticios. Su pasatiempo favorito es tocar sus instrumentos: Saxofón, piano, clarinete, y es el Director del grupo musical "Los Rítmicos". También toca el saxofón tenor en la Orquesta Filarmónica Nuevos Horizontes.

Mi hija mayor, Chela, es Licenciada en Contaduría, pero también enseña Zumba. Es buenísima para la música como su papá. Toca el violín y es Bajista de Los Rítmicos.

Cheli es Gerente de "Party Time", una tienda de artículos de fiesta. Es sociable y muy alegre. Tiene una hija llamada Mercedez, y las dos son inseparables y grandes amigas. Las admiro.

Juan tiene una mente que recuerda los detalles de lo que ve y lo que oye. Le gusta el arte y pinta unos cuadros preciosos. Trabaja en una agencia de renta de autos.

Rolando trabaja supervisando parques en la Ciudad de Santa Rosa; le encanta andar en la naturaleza. Además, trabaja en una estación de radio por las tardes y durante los fines de semana es Sonidero y animador de fiestas. Es un hombre muy alegre. Su esposa es Sophia y tienen tres hijos: Alicia, Tomás y Mateo.

Me considero una persona de suerte al tener a esta linda familia que permanence unida, a Dios gracias.

Mis hermanos

En secciones anteriores he mencionado varias veces a mis hermanos y hermanas, pero quiero proveer otros pequeños detalles acerca de ellos:

Hilda es la que sigue de mi. Se levanta muy temprano para arreglarse e irse a su trabajo de Secretaria en Leyes. Es muy bonita y tiene un buen sentido del humor. Su esposo es Manuel.

Tino fue director de un programa de viviendas, pero ahora es Diácono en la en la Iglesia de San Sebastián en Sebastopol, el lugar a donde llegamos cuando nos vinimos de México. Es el tercero de los hijos de Beto y Trini. Le encanta cuidar su jardín y tiene una colección de carros clásicos, con los que participa en desfiles y exposiciones . Toca guitarra y bajo. Su esposa es Martha.

Plácido es muy chistoso y siempre nos hace reir con una cosa u otra. Se retiró recientemente de su trabajo de Ingeniero en Topografía. También es músico; toca el órgano y la guitarra.

Natividad ha sido también Secretaria en Leyes, pero ahora trabaja en programas de salud. Nati es la del valor de hablar por los que no tienen voz, como los pobres y los indocumentados.

Pedro es el que se abrió paso por sí mismo. Asistió a la Universidad de Chico, donde estudiaba y trabajaba hasta recibirse como Ingeniero en Computación. Todos le tenemos un gran respeto por su dedicación al mejoramiento de la juventud, en su comunidad y en la familia. En reuniones familiares, quien le presenta As (o sea 10s) en su boleta de calificaciones de la escuela, recibe de él una beca.

César es el menor de todos. Es músico, y toca teclado y trompeta en el grupo musical Los Rítmicos.

Mis padres

Por mucho tiempo me quejé de que mis padres me habían abandonado porque, por quince años, me dejaron con la Cita Aurora. No fue sino hasta hace algunos años que me di cuenta de que, si me dejaron con mi abuelita, no me abandonaron. Siempre estuvieron al tanto de que no me faltara nada. Nunca pasé hambre o frío, y siempre tuve vestidos y zapatos. Además, me dieron educación. Siempre estaré agradecida con ellos.

El día que me hicieron más falta mis padres

Cuando cumplí quince años, con el dinero que me mandaron mis padres, me compré un vestido, pedí una Misa en Chicavasco y pagué $50 pesos a la Orquesta Disco de Oro, de Chicavasco, para que tocara dos horas por la tarde. No era nada la paga, pero como el Director era mi amigo Juan, aceptó.

Durante la Misa, me dio tristeza que siendo un día importante en mi vida, solamente estuviera conmigo mi abuelito Abraham. La demás familia estaba en la escuela o de compras en la plaza de Actopan. La Cita compraba cosas en la plaza para re-vender y éso era importante—su medio de sobrevivir.

Por la tarde, mis amigas Epifania, Catalina, Ofelia, Celia, María y Carmen estuvieron conmigo escuchando la música. También mi primo Eduardo (Yayo) estuvo presente. Yayo y yo siempre nos llevamos bien porque nuestros papás se casaron el mismo día y él y yo nacimos el mismo año. Así fue mi fiesta.

La muerte de mi mami

En los últimos años de vida de mi mamá, tuve la oportunidad de acercarme más a ella. Los fines de semana, cuando nuestros esposos músicos se iban a las tocadas, iba yo por ella, y esta era nuestra rutina: De compras a K-Mart, luego a la casa de telas y a Carl's Junior a comernos una hamburguesa.

Luego, se enfermó y entraba y salía del hospital con frecuencia. Tuvo varias cirugías y, al último, se envenenó su cuerpo por los efectos de varios medicamentos que tomaba.

La tarde que entró al hospital, me sentía tan decaída del trabajo que parecía que me estaba empezando a dar la gripe. Fui al hospital, pero como ella estaba en urgencias, opté por no entrar porque estando ella débil, no necesitaba que la expusiera yo a más enfermedades. Afortunadamente, mi hermana Hilda estaba allí con ella, y quizá confiada en éso, me fui a casa. "Mañana vengo a verla", pensé, pero la siguiente mañana me llamaron al trabajo para darme la noticia de que había muerto.

Me sentí culpable por no haber estado con ella cuando murió, pero me conformé con haber compartido con ella algún tiempo, y el tiempo compartido había sido de calidad.

En los preparativos para el funeral, recordé que después de la Misa de cuerpo presente, algunos familiares y amigos pasan al frente a decir algo acerca de su experiencia con la persona que ha pasado a estado espiritual. Como todos en la familia somos muy llorones, me dije: "Seguramente me va a tocar a mi hablar porque, aunque soy llorona, ya estoy acostumbrada a que la gente me vea llorar". Entonces empecé a escribir lo que iba a decir. Cuando estaba escribiendo, me di cuenta de lo mucho que mi mamá había hecho por mi.

*A mi mami le gustaba oirme cantar desde que era yo una niña. Siempre que la visitaba, me pedía que le cantara una canción, y si me hacía del rogar, me pagaba un peso.

*En mi primer año de escuela primaria, fui elegida reina de las fiestas patrias, y mi mami y mi abuelito Abraham, me hicieron un vestido blanco muy lindo, con capa roja de terciopelo. ¿Cómo le harían para esos gastos? Hicieron enormes sacrificios por mi.

*Otras veces que salía yo en bailables, mi abuelita Aurora me prestaba sus aretes, pero mi mamá me hacía la ropa, y una vez que no había dinero para comprar tela, me hizo el vestido de papel crepe amarillo; iba yo a bailar la canción "La calandria".

*Después, cuando ya estábamos en California del Norte, me invitaron los compañeros músicos de mi papá a cantar en el conjunto Alma Suriana, en el que él tocaba el bajo. Duré cantando con ellos como cuatro años, hasta que me casé. Mi mamá me hacía unos vestidos muy bonitos para las presentaciones, y siempre me acompañaba a las tocadas.

*Si le mostraba el periódico donde habían publicado algún artículo mío, siempre me tomaba la cara con ambas manos y me daba un beso en la frente, diciéndo: "Ay mijita, ¿De dónde sacas la energía para hacer tantas cosas?" Pienso que cuando me dijo años atrás que era yo una floja, me lo dijo como reto, para que pusiera empeño en desarrollar mis talentos.

*Por medio de su ejemplo, nos enseño a trabajar duro en el campo para ganarnos la vida. Era rápida mi mami para llenar las cubetas y cajas de fruta, y muy fuerte para cargarlas.

*En mis graduaciones de la Universidad, mi mami estuvo siempre presente.

Al terminar de escribir mi discurso, llegué a la conclusión de que nadie más me había apoyado tanto como mi mamá. ¡Dios la tenga entre sus ángeles!

Como lo pensé, sucedió. Mi tía Estela leyó un poema muy lindo a su hermana, pero nadie más pasó. El Padre Ramón, quien ofició la Misa, fue hacia donde estaba yo sentada con el coro y me pidió que dijera yo algo. Entonces, saqué mi discurso escrito y lo leí en Inglés y en Español porque la Iglesia de Nuestra Señora de Guadalupe, en Windsor, estaba llena de familiares y amigos, y algunos amigos solamente hablan Inglés. También le canté a mami mi propia versión del Ave María. Estoy segura de que le gustó.

Dando gracias

Aproveché la ocasión de la muerte de mi mami para agradecer a mi papá y a sus hermanos por habernos traído a esta tierra de oportunidades, donde con mucho esfuerzo, y a veces sufrimiento, logra uno llegar a sus metas y realizar sus sueños; es decir, recoge uno buena cosecha.

Después del sepelio, en la recepción en mi casa, llamé a todos los jóvenes y niños, y en frente de ellos, di gracias ar Sr. Haven Best y a su esposa Esther, quienes nos acogieron en su rancho al llegar de México, nos dieron trabajo y nos dieron los documentos necesarios para obtener nuestra estancia permanente en los Estados Unidos de Norteamérica.

Con la palabra 'gracias' se pueden pagar muchas deudas.

Creatividad

Interés en el canto

Provengo de una familia inclinada a la música. Mi abuelita Aurora tocaba la armónica; su esposo tocada el banjo; y mi papá el bajo, la guitarra y la trompeta. Mi mamá no tocaba ningún instrumento pero cantaba. Pienso que ya traigo en la sangre el amor a la música.

Desde que recuerdo, siempre he cantado; a veces sentadita en el patio de mi abuelita, barriendo la casa, o haciendo cualquier mandado, pero siempre se me oía tararear una canción. Hasta ahora, siempre estoy cantando o simplemente tarareando alguna canción.

Mencioné en otra sección de esta autobiografía que mi tío Cecilio me enseñó a tocar la guitarra. En cuanto pude comprarme una, lo hice, y después, mi esposo me regaló una con un sonido maravilloso, que mis dedos no le hacen justicia. Llevo como treinta años con ella porque la toco en el Coro Hispano Resurrección de la parroquia del mismo nombre, donde llevo 31 años sirviendo en el ministerio de la música. Yo estoy a cargo del grupo.

También soy una de las vocalistas en el grupo musical Los Rítmicos. El grupo lleva en existencia como 37 años, pero yo apenas me uní a ellos hace cuatro años, estando ya jubilada de mi trabajo en la educación.

Mis propias composiciones y reconocimientos

He compuesto varias alabanzas que mis compañeros de coro son tan amables en cantar. La mayoría de ellas se basan en lecturas biblícas.

Entre mis composiciones, no siempre religiosas, algunas han sido ganadoras en el Festival de la Canción Latinoamericana, que se lleva a cabo cada año en la Ciudad de San Francisco, California. Estos son mis pequeños éxitos:

"Amor y Lealtad"	Trofeo Dorado	2012	(La compuse para la boda de Rolando con Sophia).
"Muñeca de Trapo"	Trofeo Melódico	2008	
"Madre Celestial"	Certificado de Excelencia	2006	

Conquistando la poesía

La poesía había sido para mi algo que veía más allá de mi alcance. Los poemas que había leído me dejaban desconcertada y preguntándome qué querrían decir los poetas. Aún los poemas que había memorizado en la escuela primaria para declamarlos en los festivales, eran sólamente eso—palabras memorizadas.

La necesidad lleva a la creatividad

Luego, cuando cumplí cincuenta años, quise hacerme una fiesta estilo quinceañera, con estos símbolos: La Biblia, el libro más importante para aprender acerca de la vida en general; el Rosario, símbolo de oración diaria; ramo de flores, compromiso de servicio a la comunidad; y vela, la luz que debemos ser para poder guiar a los que nos rodean.

¿Y los padrinos? Decidí que mis hijos serían los más indicados para obsequiarme la Biblia y el Rosario. Padrinos de ramo fueron mis estudiantes, a quienes les pedí que llevaran cada uno una flor, y con todas formamos un ramo. Para padrino de vela, escogí al Profesor Robert Coleman, el que había sido firme en su empeño de enseñarme a escribir.

Al planear el banquete para mi fiesta, pensé que siendo educadora, debería dar algo literario de recuerdo. Me dije: "Los poemas deben ser sencillos, para que las personas simples como yo puedan apreciarlos". Con esa idea, redacté mi primera creación poética, cuyas copias fueron los recuerdos.

"En mi Otoño"
Al acercarse mi otoño, miro hojas color dorado.
Todas fueron un retoño; un familiar o amigo añorado
que me amó y a quien he amado.
Me enseñaron; he enseñado. La educación—mi misión,
y en cada humano a mi lado, mi Dios me había preparado
una inefable lección.
Que si me trataron bien, sería que los traté así.
Que si me trataron mal, sería que lo merecí
o el mensaje no entendí.
Dios, la música y el canto me han brindado compañía,
y si un día me invadió el llanto, no era que sufría tanto;
más bien, fue por alegría.
Viene mi otoño. hilos blancos coronan ya mi frente.
Los toqué cuando los vi. Yo sé bien que están ahí.
Si mi Dios me llevara de repente, qué alegría.
estoy consiente: !Ya viví!

Despúes se me ocurrió mandar el poema al concurso de poetas Hispanos y recibió el trofeo Radio Universal de Reno, Nevada. La radio fue patrocinadora del concurso en el año 2000.

Otros Poemas ganadores

Varias veces he participado en el Festival de la Canción Latino-americana de California, en San Francisco, donde incluyen también poesía. He recibido estos reconocimientos:

"¿Por qué no me respondes?"	Certificado de Excelencia	2012
"Principios de la primavera"	Trofeo Dorado	2008
"Abuelita"	Mención de Honor	2006
"¡Cómo han pasado los años!"	Certificado de Excelencia	2005
"Mamita y yo"	Mención de Honor	2004
"Otros sí sufren"	Trofeo Dorado	2003

Además, en la Feria del Condado de Sonoma, recibí un Tercer Lugar con mi poema, "Beautiful Santa Rosa", en el año 2008.

Cuando hay ocasiones de dar un regalo, como una primera comunión, un bautismo, una boda, una graduación, etcetera, por lo regular regalo palabras, es decir, poemas.

Me considero una humilde poetisa, y estoy muy agradecida con Dios por haberme dado el don de jugar con palabras y crear rimas, estribillos y estrofas.

Toda creación es un regalo de Dios.

Mi Religión

En mi pueblo no había sacerdote cuando yo era niña. El sacerdote de Actopan visitaba a Chicavasco solamente en las fiestas del Santo Patrono, San Bantolomé; Sin embargo, el alma busca a Dios o sigue el llamado de una forma u otra.

Rosarios de madrugada

Aunque vivía con mi abuelita paterna, con frecuencia visitaba a mis abuelitos maternos. Mi abuelito Abraham era un cantor a toda hora, y cuando yo estaba de visita, cantabamos juntos, y nos divertíamos más cuando yo intentaba tocar su mandolina. Después, me invitaba a pasar las noches del sábado con ellos, para ir temprano a la iglesia los domingos. "Tienes la voz fuerte y 'respondes' en las alabanzas", decía. Claro, me encantaba cantar, así que era como poner a un gorrión entre los ruiseñores.

Mi abuelita Carmen cortaba flores de su jardín y preparaba ramos o hacía arreglos florales, y yo estaba allí ayudándole en esa tarea tan complaciente. Los ramos y arreglos eran para llevarlos a la iglesia cuando fuéramos al Rosario. Fue así que despertó en mi el interés de asistir a la iglesia.

Enseñando el Catecismo

Unas muchachas, mayores que yo, enseñaban el catecismo los domingos por la tarde. Se trataba de memorizar las preguntas y respuestas que estaban en un librito que recibían de otras líderes en Actopan.

Memorizar las respuestas no me ayudó mucho. Al querer hacer mi Primera Comunión, mis padres me llevaron a la Ciudad de México donde vivían y donde vivía doña Lencha (Lorenza), una señora muy amable y a la que le habían pedido que fuera mi madrina. En una iglesia de la Colonia Azcapotzalco, el sacerdote me hizo preguntas, usando palabras diferentes a las que yo había memorizado. Al no saber las respuestas, dijo que no estaba yo debidamente preparada para recibir la Santa Eucaristía. Regresé al pueblo desilusionada. Afortunadamente, por medio de las catequistas en Actopan, quienes me recomendaron para el Sacramento de la Eucaristía porque había asistido a la doctrina cada domingo, en la fiesta de San Bartolomé, un 24 de agosto, logré hacer la Primera Comunión.

Al recibir la Primera Comunión, seguí en la doctrina los domingos por la tarde, pero ya iba en calidad de catequista. Qué tan competente era, no tengo idea. Tenía yo diez años.

Religión en California

Al llegar a California, otra vez me volví líder en la iglesia, trabajando con la comunidad Hispana. Había conocido a algunas muchachas y empezamos a organizar fiestas para recaudar fondos, pero para entonces estábamos asistiendo a la Iglesia de Santa Rosa de Lima en Santa Rosa. En esa iglesia canté por primera vez, con mi pequeño grupo de muchachas, las mañanitas a la Santísima Virgen de Guadalupe un 12 de Diciembre. Recuerdo que me conmovió tanto la ocasión que empecé a llorar de emoción (¿Llorar yo? Novedad de novedades). Aquí estaba, en un país extranjero, haciendo honor a la Madre de los Mexicanos, bueno, la mayoría de los Mexicanos.

Al casarme, empezamos a asistir a la Misa en Healdsburg, una ciudad a 15 millas al norte de Santa Rosa. Ibamos a la Iglesia de San Juan porque al terminar la Misa, íbamos a comprar pan mexicano en una panadería recientemente abierta. Nos comíamos el pan en el parque, y en seguida nos íbamos al cine. Esos días empezaban a exhibir películas en español en esa ciudad. Así pasábamos los domingos por la tarde.

Cuando tuvimos la fortuna de comprar una casita en Santa Rosa, volvimos a la Iglesia de Santa Rosa y empezamos a asistir a la Misa en Inglés. Continuamos asistiendo a Misa porque "Sin la fe, la familia se desmorona" (9).

El Coro Hispano de Resurrección

Andando de compras en el mercado un día, me encontré con don Beto Mendoza, uno de los líderes Hispanos que pidieron que hubiera Misa en Español en la Parroquia de la Resurrección en Santa Rosa.

"Yola, no te he visto en la Misa en Español en Resurrección", me dijo. "No, no he ido, pero un día de estos voy a ir", le contesté. Días después, lo volví a encontrar y dijimos lo mismo. Para la tercera vez, ya la conciencia me empezó a inquietar.

"¡Misa en Español!" me dije. "Yo ya sé Inglés", pensé, pero al no querer que don Beto me reclamara cada vez que lo veía, decidí ir. Cuando entré a la Iglesia, vi a una pareja tocando guitarras y cantando las alabanzas. Me emocioné. "Yo podría hacer eso también", pensé. Entonces, al terminar la Misa me acerqué a ellos y les dije: "Yo toco un poco la guitarra, ¿me dejarían tocar con ustedes?" Manuel y Pauline Baldenegro, me aceptaron, y el siguiente domingo allí estaba lista con mi guitarra para repasar antes de la Misa. Pasaron unos domingos después de que empecé a cantar con ellos cuando me dijeron: "El próximo domingo no vamos a poder venir, pero va a venir a tocar contigo Onésimo".

El único Onésimo que yo conocía tocaba los tambores, y pensé: "Bonito que se va a oir el canto con una guitarra y los tambores". Pues, el domingo siguiente, llegó un joven que tocaba guitarra. Era Onésimo González, y nos acoplamos muy bien como dueto en la Misa. Los Baldenegro pertenecían a otra iglesia y ya no volvieron. Poco a poco se fueron uniendo otros miembros al Coro Hispano Resurrección, incluyendo mi esposo que toca el piano, otras voces y otros músicos con varios instrumentos. Cuando mi hija Chela tiene tiempo, nos acompaña con el bajo y se oye magnífico. Un domingo estuvimos 14 instrumentos, mas las voces. Me sentí bendecida por Dios al permitirme alabarlo con tan elaborado grupo.

Como es el caso en todo, los miembros han ido cambiando, pero un grupo pequeño ha permanecido conmigo a través de los años: Juan, Ofelia, Melitón, Inés, y Claudia. Rogelio se está tomando un tiempo de descanso antes de volver. Angelina y Ramona ya descansan en el Señor. Raquel ya no puede ver bien, ya no la dejan manejar y no puede participar más. Algunas veces me he desanimado y quiero dejarlo todo, pero siempre hay "sangre nueva" que reanima, como la reciente llegada de Angel y Marisela, que son muy dedicados y con buen sentido del humor. Ha sido para mi un honor cantar por 31 años para el Rey de Reyes, y al escuchar pasajes de la Biblia durante las Misas, me he puesto a meditar. Me he vuelto sencilla y trato de ser amable—se me quitó lo creída. !Qué más podría yo pedir!

La familia, la escuela y la iglesia
son las instituciones más importantes en la vida de cada individuo.

¿Mi Filosofía Acerca De La Vida?

A través de los años, aprendemos como vivir una vida responsable pero feliz, formándonos así nuestros propios conceptos de la filosofía. Por todo este escrito, ya he mencionado mis creencias, que son mi filosofía. Aquí están otras ideas:

Limpieza y órden antes de creatividad

No puede uno sentarse a ser creativo cuando la casa esta hecha un desastre. Primero hay que crear un ambiente de órden y limpieza para sentarse uno a escribir, pintar, bordar, leer, o cualquiera que sea el interés. Un día que estaba de visita en la Ciudad de México con mis papás, me senté a bordar sobre una cama sin tender. En eso, mi papá entró, vio el reguero y me explicó el concepto.

El tiempo es oro

Quiero ganarme la estancia en el universo haciendo cosas útiles. Siempre hay un espejo que limpiar, una planta que regar, una llamada que hacer, una visita a un enfermo… o un poema o cuento que escribir.

No critiques el trabajo de otros

"No critiques el trabajo de los demás si no quieres hacerlo tú mismo". Este concepto lo aprendí de nuestro Párroco, el Padre Shaw, en Resurrección, apenas hace unos meses.

Apuntando con el dedo

Cada vez que apuntas con el dedo, hay por lo menos tres apuntando hacia ti. No recuerdo de quien oí este pensamiento, pero con frecuencia me recuerda que no soy nadie para juzgar, y la idea se parece mucho a esta otra: "Guárdense de no escupir contra el viento" (10).

Ama a tu projimo como a ti mismo

El concepto más importante en la vida de cada humano debería ser el que Jesús mismo nos enseñó: Amar al prójimo como a uno mismo. De esa manera, no los vamos a ofender ni criticar. Los vamos a cuidar en su enfermedad, a cobijar cuando tienen frío, alimentar cuando tienen hambre, guiarlos cuando están perdidos y ofrecerles a los demás solamente cosas buenas.

Cada persona nace con una misión. Hay que descubrirla y llevarla a cabo.

Mirando Hacia El Futuro

A la edad de 67 años, todavía estoy muy joven, así que esto está en mi mente para los años que vienen:

Continuaré cocinando con mi esposo para la cena de los martes y jueves, cuando vienen a cenar con nosotros nuestros hijos y nietos. Es una forma de querer reponer el tiempo que no pasamos con ellos cuando eran pequeños. Nunca es tarde para enmendar nuestros errores. Compartir los alimentos juntos también nos permite permanecer unidos para saber como apoyarnos los unos a los otros.

Como no tengo nietos pequeños, seguiré corriendo con Chula, la perrita de Chela, de lunes a viernes por las mañanas. El ejercicio es bueno para la salud.

Mientras Dios me siga dando voz y salud, seguiré cantando. Aunque a veces me duelan los dedos, seguiré tocando mi guitarra.

Mientras Dios me permita el uso de mis pies y manos, saldré de casa manejando mi Mustang plateado, standard, año 2000.

Seguiré escribiendo versos y estrofas, seguiré enviando mis cartas al Editor de La Prensa Demócrata, haciendo resaltar a la comunidad Hispana, nominando a algún estudiante para ser reconocido o buscando justicia para quien necesita el apoyo.

Estoy conciente de que uno pone y Dios dispone.

Como han dicho muchos:
Cada tonto tiene su historia.
Esta ha sido la mía.

Notas

1. Valette, Rebecca M., *Album*, cuento "Un Oso y un Amor", por Sabine Ulibarri, D.C. Heath and Co., 1984, p. 26.

2. Nietzsche, Federico, *Así hablaba Saratustra*, Editores Mexicanos Unidos, S.A., Cd. De México, 2009, p. 40.

3. Cortez Valle, Pamela, *Los Mejores Cuentos para Niños y sus Valores*, Editorial Epoca, S.A. de C.V., México, D.F., p. 36.

4. Cortez, p.53.

5. Hay, Louise L., *Tú puedes sanar tu vida*, Editorial Diana, México, D.F., 2007, p. 78.

6. Figueroa Bejarano, *Religiosidad Guadalupana en la Historia de México*, Editora Multicolor, Colima, Col., México, 1999, p. 65.

7. Byrne, Rhonda, *The Secret*, Atria Books, Nueva York, N.Y., 2006, p. 43.

8. Fisher, Robert, *El Caballero de la Armadura Oxidada*, Ediciones Obelisco, Barcelona, España, 1998, p. 82.

9. Lozano, Mariana, Revista "Inquietud Nueva", Misioneros de la Palabra, Mayo-Junio 2013, p. 34.

10. Nietzsche, p. 58